早稲田大学平山郁夫記念ボランティアセンター 編
兵藤智佳・二文字屋脩・平山雄大・岩井雪乃 監修

ボランティアで学生は変わるのか

「体験の言語化」からの挑戦

ナカニシヤ出版

はじめに

『世界をちょっとでもよくしたい』とは，2010年に早稲田大学平山郁夫記念ボランティアセンター（以下，WAVOC）が出版した本のタイトルである（早稲田大学平山郁夫記念ボランティアセンター他2010）。東南アジアへ行き，自分が生きてきた現実とは違う過酷な状況におかれる子どもたちへのボランティア活動を行なったある学生がつぶやいた一言だ。WAVOCの教員たちは，今もこうした学生の情熱の種を育て，現実に対峙する機会としてのボランティア活動を支えている。もちろん，学生たちが実際に変えられる世界は「ちょっと」かもしれない。しかし，活動に取り組む彼ら自身が変わり，成長する可能性にこそ価値があるのであって，私たち教員が大学という場で教育活動を実践している意味もそこにある。

■ 0-1　WAVOCとは

　WAVOCは，2002年に早稲田大学の機関として設立された。その理念は，「①社会と大学をつなぐ」「②体験的に学ぶ機会を提供する」「③学生が社会に貢献することを応援する」の三つである。つまり研究と教育のみならず，社会貢献をする大学の一機関としての役割を担ってきた。また，行政やNPOなどとは異なる大学の機関であるWAVOCは，現地や当事者への貢献のみならず「ボランティア活動を通じた学生の教育」も使命としており，その基本姿勢は，「現場体験の知と学術的な知をつなげる」ことである。そして，これまで15年以上に渡る教育実践のなかで，私たちは，「学生たちが自分の生き方を他者との関わりのなかでつむぎだす力を育てること」を大きな教育目標として掲げてきた。

　日本の大学機関として非常に独創性があるWAVOCには，大学職員のみならず，専任の教員が所属しているという特色がある。教員は，課外活動として学生たちのボランティア活動を主催し，同時に正課の授業も提供している。正課には国内外の体験的な科目も多数あり，学生たちが，正課と課外を往還し，また現場での体験と講義での理論をつなぎながら学びを深めるしくみを構築している。また，こうした教員による活動以外にも，機関全体として，学内公認ボランティアサークルの活動支援，学生がボランティアの成果を発表するボランティアコンテストの実施，スタディツアーの開催など，多様な活動を実施し，大学における学生ボランティア活動の

一大拠点として重要な役割を果たしている。

　WAVOCの活動には，さまざまな学部や学年に所属する多様な学生たちが参加しているがゆえに，その興味関心の強さや活動へのコミットメントにも濃淡がある。一日だけのボランティア活動に参加したり，授業を一つだけ履修したりする学生から，数年に渡って同じ団体で活動にのめり込んだり，何度も海外に足を運んでボランティアをする学生も存在する。長期的なプログラムには，少数でありながら高い関心をもって強くコミットする学生の参加割合が大きくなる一方で，ボランティアへの関心がそれほど高くない多数の学生は，短期間の活動に参加する傾向がある。

■ 0-2　ワボプロとは

　こうしたなか，WAVOCは2017年度より，新しく課外活動として「早稲田ボランティアプロジェクト（通称ワボプロ）」を立ち上げた。対象とする学生は，強い興味とコミットメントをもった学生であり，「学生の情熱×教員の専門性」をコンセプトとした活動になる。これまでもWAVOC教員は学生主体のボランティアプロジェクトを主催してきたが，ワボプロは少人数の学生を対象として，活動をさらに先鋭化させることを目指した。これまでの私たち教員の学生支援と教育の実績，そして，経験知にも裏付けられた各教員ごとに異なる専門性を前面に押し出しているのが特色である。そのうえで，先駆的で独創性の高い大学生によるボランティア活動と教育実践の双方に取り組む挑戦である。

　本書は，このワボプロを紹介し，その成果を広く伝えることを目的とした。学生によるボランティア活動は，一般的にはその評価として二つの軸が存在する。一つは，その活動が「現地や当事者にとってどうよきものであったか」という，現地や当事者への経験と知識の貢献である。もう一つは，「学生がどう変容したのか」という，参加した学生にとっての意味と意義である。この二つのうち，本書では，その焦点を「学生の変容と教育実践」にあてている。それは，ワボプロが活動を開始してからの期間が比較的短く，現地や当事者への貢献が強く期待されていないためであり，大学として学生に対する教育手法の開発と実践を目指した活動だからである。

　現在の大学教育には，従来の一方的な知識教授の講義を脱却し，アクティブラーニングに代表されるような参加・対話型の教育手法が推進される大きな流れがある。一方で，そうした動きは「正課」で活発化しており，いわゆる「課外活動」は，教育活動の主流ではなく，学生が大学とは関係なく勝手に何かをする場として位置づけられることが多い。ワボプロは課外活動であり，学生の主体性を重視している。だ

からこそ，学生には，やめたいときにはやめる裁量もあり，「やりたいからやる」という実直さと積極性がある。教員もまた，評価として単位を出さないという点において，授業とは異なる立場，すなわち学生との権力関係が弱い比較的フラットな立場で学生とともにボランティア活動に関わることができる。そうした意味で，ワボプロには，授業とは違った，「自由で豊かな」学生と教員との関係性がある。そこで本書では，学生と教員との教育的な関わりにおけるダイナミクス（相互に与える影響）と可能性についても描いてみたい。

■ 0-3　ワボプロの特色と「体験の言語化」

　先駆的な大学生の教育方法という点において，今回紹介するワボプロには，二つの大きな特色がある。一つが「「体験の言語化」の活用」であり，もう一つが「教員の専門知の活用」である。まずは，「体験の言語化」であるが，これは WAVOC が 2014–2017 年の 3 年間で取り組んだ新しい教育手法開発のプロジェクトであった。8 回クオーターでの正課の授業として，手法を体系化した「体験の言語化」授業では，学生が「体験を自分の言葉で語る」「体験から社会の問題を発見する」「体験を学びの意欲につなげる」の三つを目的とした。WAVOC に所属している教員全 5 名は，具体的な手法を身につけ，共有することで，「体験の言語化」という名称のクラスを同じ内容で提供している。

　この手法（「体験の言語化」）を開発した背景には，ボランティア体験をもつ学生の学びにこれまで教員が寄り添うなかで感じてきた問題意識がある。それは，「ヤバイ」といった多様な意味合いをもった若者言葉に代表される学生の語彙力のなさ，そして，現実に起きている事柄の当事者でもあることに対する想像力のなさであった。学生たちの多くは，その豊かな感性ゆえに，ボランティアをすることで達成感や充実感を得たり，迷いや憤りなどのさまざまな感情を抱いたりする。しかし，その現場で対峙する当事者の現実は「自分ではない誰かの問題」に留まってしまうことが多い。その一方で，自己責任論の広がりにみられるように，学生が何かの困難に直面する際には，「自分の努力が足りなかったから」となり，「私に起きている事柄は私だけの問題」として閉じていく。こうした学生の「リアル」は，「個人と社会との分断」を意味しており，問題であると WAVOC の教員たちは感じ取ってきた。

　そして，こうした分断を埋め，体験と学びを接続するために開発してきたのが「体験の言語化」である。学生たちは，多様な体験で感じた言葉にならないものを言葉にし，体験を物語る行為を通じて，その意味をみつけ，自分を社会のなかに文脈

化し，現在進行形で生じている問題の「当事者」となっていく。教員は，専門知識を教えるのではなく，「支援者」として学生が言葉をつむぐプロセスを後押しし，彼ら自身の気づきと表現を尊重する（早稲田大学平山郁夫記念ボランティアセンター 2016）。

このように開発してきた授業としての「体験の言語化」は，ガイドブックとして，その具体的な方法が説明されており，経験の浅い教員でも授業を行うことができる汎用性の高い教育手法である（早稲田大学平山郁夫記念ボランティアセンター 2018）。教員たちは，定期的なミーティングなどを通じて，手法を共有すると同時に，その理念や実践の価値についても議論を蓄積してきた。それらの積み重ねを基礎として，教員たちは自分が担当するワボプロの活動においても，「体験の言語化」の教育メソッドを応用したり，学生の言語化を促す独自の方法を試みたりしている。もちろん，ワボプロにおいて「体験の言語化」をどう位置づけ，どういう方法でどの程度学生に働きかけるかは，各プロジェクトの性格や教員の裁量に委ねられている。そうした幅をもちつつも，学生の体験の言語化を積極的に促すことは教育の場でもあるワボプロの独創性であり，学生の豊かな学びに向けた挑戦でもある。

■ 0-4　教員の専門知と共通手法

ワボプロの二つ目の特色が，「教員の専門知の活用」である。WAVOC 教員は，研究者としてそれぞれが専門分野をもち，文化人類学，環境社会学といった学術知を有している。それらの知は，教員が学生とともに活動し，活動の独創性を生み出す重要な知であり，それぞれのプロジェクトがもつ「世界のみかた」でもある。一方で，ワボプロにおける教員の「知」は，学術知だけではなく，教員がフィールドで身につけている身体知であったり，人間関係を生き抜く戦略知であったりと，多様なあり方が存在する。それは，教員一人ひとりが，これまで自分が何に惹かれ，どんな経験をもち，そこからどのように意味や価値を見出してきたかといった個人の生き様と深く関係する知でもある。そして学生は，望むと望まざるとにかかわらず，それらの影響を受け，自身の変容をもたらすきっかけにしている。とくに，学生がワボプロを通じて他者である当事者と出会い，生活世界を理解しようとするとき，その理解の仕方には教員の知が大きな影響を与えている。ワボプロに参加する学生たちにとっては，そうした多様な教員の知の世界を垣間見たり，ときには，反発し，ぶつかったりする場自体もまた，学びの機会となっている。

また，各教員の知という意味では，WAVOC が学生によるボランティアを行う機関として，教員たちが「ボランティア」という行為や営みをどう理解し，共有する

表 0-1　WAVOC 教員に共通する教育手法

1）体験の場を作る
適切な協力者を開拓し，信頼関係を作る
当事者の声が学生に伝わるように仕込む
現地で寝食をともにする環境を作る
2）学生へ働きかける
チームビルディングをする
ミーティングを運営する
基礎知識勉強会を行う
安全管理を行う
ふり返りを実施する（個人・グループ）
発表の場を作る

かという課題もある。WAVOC では，「ボランティアとは何か」という問いに対して明確に定義づけを行なっているわけではない。ボランティアは「自発的な動機によって行われ，他者の利益のために行う」というゆるやかな理解にあえて留めている。なぜなら，それぞれの教員の知の世界で，その理解や意味づけが異なっていたり，政治的な立場が違ったりすることを想定しており，ワボプロにおいてもそうした教員たちの多様性を許容し，議論が開かれていることに価値をおいているからだ。

このようにワボプロでは，教員ごとの多様で独自な専門知を生かす一方で，これまで WAVOC が蓄積してきた活動実績に基づく共通の教育手法も存在する。ボランティア活動では，当事者との関わりと支援がどの活動でも共通しており，教員の専門性を超えて教員がやるべきこともある（表 0-1）。

このなかでも重要なのは，当事者や現地との「関係性づくり」である。教員は，学生が当事者の声を聞いたり，生活のリアルを体験したりする場を意図的に作り出す努力をしている。事前に関係者との関係性を作り，現地でも深い関わりの機会を作っている。もう一つは，学生への「働きかけ」である。「体験の言語化」はその一つだが，その他にも定期ミーティングやチームビルディングを通じて，学生の主体性を尊重しつつ，積極性や責任感を引き出すために教員が積極的に学生に働きかける。いつ何をどのようにやるか，またはやらないかについては，それぞれ専門性だけでなく，教員自身の個性や経験，そして参加学生のありようなどによっても異な

る。ときと場合によっては，学生を見守るという判断も働きかけである。個別の問いかけ方といった手法については，「これをやれば正解」というものがあるわけではないが，積極的に働きかける重要性は，教員全員が意識的に目指し，取り組む事柄として共有されている。

■ 0-5 「私たち」の変容とつむがれる物語

　以上が本書をお読みいただく前提になるが，本書の前半では，四人の教員による四つのワボプロと参加学生の変容を紹介する。執筆にあたっては，具体的な活動内容は最小限に抑え，むしろ，それぞれのプロジェクトを担当する教員たちがボランティア活動を実施し，学生と関わる自らの知を言語化する試みを行なっている。それは，「当事者や学生と活動する「自分」は何者か」ということを私たち教員自身がふり返るという「挑戦」でもある。学生による体験の言語化を実践する私たちもまた，自己を開示し，言語化することで自身の変容に対して開かれていたいと強く願っているからだ。そして，活動の紹介にあたっては「その自分」が，どういった学生のリアルにどう向き合ったのか，その結果，学生はどう変容していったのかを記述していく。学生と私たち教員との関わりは，もちろん教員が意図的にしかけている部分はあるものの，意図した結果とは異なった学生の反応や変容もある。そのダイナミクスは，大学での教育という意味では，可能性であると同時に限界でもあるはずだ。重要なのは，批判を含めて学生や私たちに起きていることに対する議論や対話が常に開かれていることであり，本書の後半ではプロジェクトに参加した学生たちの声を聞くために実施された座談会の内容を収録した。

　WAVOCでは，日々，学生だけでなく，私たち教員もボランティア活動を通じて「世界をちょっとでもよくしたい」を模索している。その一つが「どうしたら学生たちが学び，成長するのか」という問いであることはすでに述べてきた。私たちは，常に現在進行形でこの問いに向き合う一方，WAVOC全体で共有している知として「正解も正義も一つではない」という姿勢をもっている。だからこそ，ワボプロという「挑戦」から見出そうとしているのは，多様なボランティア活動と教育実践を通じた個人の変容とその意味についての考察である。その試みとしての本書が，大学生の可能性に関する議論と対話をさらに開くきっかけとなることを願いつつ，私たちがつむいだ学生たちとの物語をお読みいただけたらと思う。

兵藤智佳

【参考・引用文献】

早稲田大学平山郁夫記念ボランティアセンター・兵藤智佳・岩井雪乃・西尾雄志 (2010).『世界をちょっとでもよくしたい——早大生たちのボランティア物語』早稲田大学出版部

早稲田大学平山郁夫記念ボランティアセンター［編］(2016).『体験の言語化』成文堂

早稲田大学平山郁夫記念ボランティアセンター［編］(2018).『体験の言語化実践ガイドブック』成文堂

目　次

はじめに　*i*

第1部　教員からみたボランティアプロジェクト

01　もりびとプロジェクト ─── *3*
ムラブリに学ぶ，世界の始まり
二文字屋脩

1　はじめに　*3*
2　ムラブリと私　*4*
3　学生たちの参加動機　*6*
4　揺さぶりのしかけ　*7*
5　学生の変容　*14*
6　おわりに：「答えなき問い」に立ち向かう　*25*

02　海士ブータンプロジェクト ─── *27*
「あたりまえ」のその先へ
平山雄大

1　はじめに　*27*
2　ブータンと私　*27*
3　海士ブータンプロジェクトの始まり　*30*
4　初めてのブータンでの気づき：つながりの強さ　*32*
5　2回目のブータンでの気づき：開発への違和感　*36*
6　3回目のブータンでの気づき：ないものはない　*44*
7　おわりに：「あたりまえ」のその先へ　*48*

03　狩り部 ─── *51*
狩猟を通して「動物との共生」に向き合う
岩井雪乃

1　はじめに　*51*
2　狩猟と私　*52*
3　狩り部の活動　*54*
4　獣害と出会う　*57*
5　ふり返りと発表　*61*
6　ある学生の気づきと学び　*65*
7　おわりに：正解のない問い　*69*

04 パラリンピックリーダープロジェクト ─── 71
凸凹に出会う学生たち　　　　　　　　　　　　　　　　　兵藤智佳

1　はじめに：マイノリティを支援するということ　71
2　障がい者アスリートと私　73
3　ボランティア活動の事前準備　76
4　車椅子アスリートとの共同合宿　77
5　学生たちのふり返り合宿　81
6　おわりに　90

第2部　学生からみたボランティアプロジェクト

05 ボランティア体験をふり返る ─── 93
参加学生のインタビュー：1　　岩瀬詩由・米　伶太・櫛部紗永・相原悠伸／河井　亨

1　自己紹介・プロジェクト紹介　93
2　先生のはたらきかけ①：学生からみて　97
3　先生のはたらきかけ②：ここがよかった！　102
4　仲間から学んだこと　105

06 学生たちのこれから ─── 109
参加学生のインタビュー：2　　岩瀬詩由・米　伶太・櫛部紗永・相原悠伸／河井　亨

1　学生たちのそれから①：プロジェクトで得たもの　109
2　学生たちのそれから②：現在の大学生活　112
3　学生たちのそれから③：これからの期待　116
4　未来への願い　119

おわりに　123

第 1 部
教員からみた
ボランティアプロジェクト

01 もりびとプロジェクト
ムラブリに学ぶ，世界の始まり

二文字屋脩

プロジェクト名称	もりびとプロジェクト：ムラブリに学ぶ，世界の始まり
取り組む社会課題	住民参加型の生活支援，伝統文化の記録保存，異文化理解
活動地　海外渡航	タイ王国（ナーン県）
年間参加費用	20万円程度（現地渡航一回で約10万円×2回）
活動地での活動時期	夏季休業（約10日間）と春季休業（約10日間）
活動内容	週1回のミーティング，年2回の現地ボランティア活動

1 はじめに

　私が「もりびとプロジェクト」（以下，もりびとPJ）を立ち上げたのは，「早稲田大学平山郁夫記念ボランティアセンター（以下，WAVOC）の教員は早稲田ボランティアプロジェクト（以下，ワボプロ）を担当しなければならないから」という理由による。きわめて事務的な理由だが，いやいややらされているわけではもちろんない。「他者（異文化）を通じた私たちの自明性の相対化」を目指す「文化／社会人類学」（以下，人類学）という学問を専門としている私は，「「普通」が普通ではない」という人類学の基本的な教えが，学生たちにとってこのうえなく大きな学びになると信じて疑わないからこそ，個人や社会の価値観を強く反映する「ボランティア」に，教育上の大きな可能性を見出している。そんな私が学生たちに問いかけているのは，「何が，誰にとって，どのような意味で「よい」のかについて考えよ」であり，これが正課と課外を含めた，WAVOCにおける私自身の基本的な教育姿勢である。
　もりびとPJは，タイ北部に暮らす少数民族ムラブリを対象としたワボプロであ

る。「森の民」として長らく狩猟採集をベースとした森での遊動生活を送ってきたムラブリだが，約30年前に始まる政府主導の開発などで大きな社会変化を経験し，今日に至っている。もりびとPJはそうした近代化の荒波のただなかにある彼らに寄り添いながら，住民参加型の生活支援を中心とした活動を行なっているが，なぜムラブリを対象としているかもまた，「私がムラブリを研究しているから」という単純な理由による。

だがそれだけではない。「ありがとう」や「ごめんなさい」といった言葉を必要としないムラブリは，日本社会の価値観にどっぷりと浸かってきた学生たちにとって「圧倒的な他者」だからである。ボランティアプロジェクトである以上，ボランティア活動が主目的ではあるが，学生はムラブリとの協働を通じて大きな学びの機会を得ると私は考えているし，実際に得てきたと実感している。

そこで本章では，ムラブリとの出会いを通じて，もりびとPJに参加した学生たちは何を感じ考えてきたのか，また「「普通」が普通ではない」を念頭に，私はどのように彼らの「普通」を揺さぶってきたのか，そして彼らはどのような変容を遂げたかについて紹介したい。

2 ムラブリと私

■ 2-1　ムラブリとの出会い

本題に入る前に，まずは私自身がどのようにムラブリに出会い，研究者として，また一人の人間として，どのように彼らに関わってきたのかについて簡単に触れておきたい。

私がムラブリと「出会った」のは，大学院の指導教官から渡された一冊の本だった。もともと「狩猟採集民」と呼ばれる人間存在に心惹かれて大学院に「入院」した。なぜ狩猟採集民に惹かれていたかというと，「彼らが私の人間理解にとって最も遠くにいる存在だと思われたから」である。だが最初からムラブリという人びとを知っていたわけではない。博士課程に進み，「人類学者の登竜門」とされる長期フィールドワークを間近に控えていたが，具体的なフィールドをみつけられずにいた。そんな私をみかねてか，タイの少数民族を研究する指導教官から，「タイにも狩猟採集民はいるよ」と一冊の本を渡された。写真も豊富に掲載されたB4版の英書は，1970年代後半から1990年代前半にかけてムラブリを調査した人類学者のモノグラフだった。

2kg弱もある本をパラパラとめくりながら，実際に彼らを訪ねてみようと思い立ち，「予備調査」と称して旅に出た。だが政府によって設置された村で目にした彼らの生活は，私が想像していた「狩猟採集民」とは大きくかけ離れていた。事前に若干の情報を仕入れていたとはいえ，「森を颯爽と駆け抜けながら獲物を追う森の民」として生きる姿はそこにはなく，毎日のように他民族が所有する畑で賃金労働者として働いていたからである。

しかし結果的にはムラブリを研究することに決めた。「「人間がそこに生きている」という事実だけで研究に値するのではないか。自分の希望にそぐわないという理由でフィールドを取捨選択することは，多様な他者理解を目指す人類学徒としてあるまじき姿勢ではないか」と考えたからである。それに，公私ともにお世話になっているある教授から，「フィールドは五感で決めろ」と言われたことも大きかった。「2年ものあいだ同じ釜の飯を食って一緒に生活するのだから，頭だけでフィールドを選んではダメだ」ということだった。

その後，タイの首都バンコクにある大学とタイ北部の中心都市チェンマイにある語学学校でタイ語を勉強しながら調査ビザがおりるのを待った。留学生ビザを調査ビザに切り替えてからムラブリの村に入り，2012年4月から2014年3月までの2年間，村に住み込みながら長期フィールドワークを敢行した。擬制的家族もでき，男たちと酒を飲んでは毎晩のように語らった。そうやって，彼らの生活世界に肉薄しようとしたのである。

■ 2-2　ムラブリの人びと

とはいえ，フィールドで過ごす日々は毎日が刺激と興奮に満ちているわけではない。人類学者として，また一生活者として，従来とは180度異なる生活にとまどいながらも必死に生きる彼らの姿を間近で見てきた。なかには窮状に耐えきれずに自殺を試みる者もいる。昼夜問わず，劇薬を口にして苦しむ者をトラックの荷台に乗せて，40km離れた町の病院まで送った回数は数知れない。外見的には今日の定住生活に適応しているようにみえるものの，開発に翻弄されながら生きる彼らの苦悩は根が深く，解決の糸口がみえないものばかりだった。

たとえば貧困である。現在の生計活動では収入がきわめて少なく，借金せずに生活は成り立たない。そもそも「富む／貧しい」という概念すらなかった人びとの間に，お金を介した貧富観が生まれたことは大きい。また，「村生まれ村育ち」の若い世代の間では「ムラブリ」としての矜持を見出せずにいる者も多い。学校教育で

は「タイ人」としてナショナル・アイデンティティを強要されることもあり，アイデンティティ・クライシスなる問題も生じている。とくに大きな変化は，「嫉妬」を覚えてしまったことだろう。ムラブリ語に「嫉妬」にあたる言葉はないが，タイ語を話す今日，テレビから流れる都市部の生活と自分たちの生活とを比較し，外の世界に「嫉妬する」若者は少なくない。

　長期フィールドワークを終えて帰国してからは，単発的な短期調査を実施しつつ，「研究」というアプローチから，私なりに彼らに貢献してきたつもりである。また研究のかたわら，ムラブリに関わった一人の人間として，彼らの苦悩に寄り添い，彼らの生活が少しでも改善されるよう力を尽くしてきた。とはいえ私個人の能力と財力ではさまざまな制約と限界があることはいうまでもない。

　そんなときに WAVOC の一員となってもりびと PJ を立ち上げることになったのは，私にとって旱天慈雨ともいえるものだった。学生がムラブリについて学び，彼らの過去と現在を知り，「彼らの生活を少しでもよくするために，何をすべきで，何ができるのか」そして「何をすべきでなく，何ができないのか」について考え，議論し，活動する場が与えられたからである。プロジェクトが発足してまだ一年ほどしか経っていないこともあり，これまでの成果は決して大きくはないが，ときには教員としてムラブリの生きる今を学生に伝え，ときには通訳者としてムラブリと学生をつなぎ，ときには一支援者として彼らと協働することは，これまで互いに接点をもつことのなかった無数のカケラが，少しずつ形を成していくプロセスそのものだったといえる。

3　学生たちの参加動機

　学生たちはなぜもりびと PJ に参加したのだろうか。「ボランティア」という言葉に惹かれて集まったと思われるかもしれないが，意外なことに，そうした学生はほとんどいない。もちろん，すでに何かしらのボランティアをしていてその延長でもりびと PJ に参加した学生もなかにはいるし，参加の志望動機にそう書いていないというだけで「ボランティアにまったく興味がない」というわけではないだろう。

　しかし学生たちが強調するのは，「異文化に触れたい」や「異文化に学びたい」である。「少数民族と呼ばれる人たちに興味がある」や「自分とは違う人たちの考えや暮らしを目で見て体験したい」といったものから，「自分にとっては衛生面で不自由を感じる生活を生きる人たちの「幸せ」について知りたい」や「ムラブリ語に「嫉

妬」という概念がないことに衝撃を受けたから」といったものまで，学生たちの動機には幅がある。また，少し特異な動機として，「チームでの問題解決について学びたい」というものもあった。もう少しくわしくいえば「日本に住んでいるからこそ，ムラブリの生活の不便な点をみつけ出す観察眼と，現地での限られた物資を最大限活用して打開策を生みだす能力を身につけたい」ということらしい。

　このように，異文化との交流から理解まで，それぞれの興味関心に基づいて学生たちは活動を始めた。私とは年齢が一回りも違う学生たちにとって，「異文化」という言葉が，昔の自分と同じように魅力的であることにうれしさを感じつつも，だからこそ，他者を通して「「普通」が普通ではない」ということをいかに学生たちに伝え，彼らの「あたりまえ」を揺さぶるかが，私自身の挑戦ともなった。では以下で，そうした揺さぶりのしかけを紹介しよう。

4 揺さぶりのしかけ

■4-1　ムラブリ／メンバーとのフィールド生活
1) 村に「住む」

　もりびと PJ が最も重視しているのは，町にある宿泊施設に寝泊まりして村に「通う」のではなく，村に「住む」というフィールド生活である。可能な限りムラブリと同じ生活環境に身をおくことで，ムラブリの生活にはどのような困難があるのかを，一生活者としてその身をもって経験するためである。だがフィールド生活がもたらすのは，学生たちの当事者性だけではない。学生にとってはこのうえなく「不便な」フィールドで一生活者としてその場に身をおくことは，教員による意図的な働きかけ以上に学生たちの「あたりまえ」を大きく揺さぶることになる。

　フィールド生活は，村落内にある宿泊施設で営まれる。宿泊施設といっても，ホテルのような快適さが提供されるわけではない。温水シャワーがあるわけでもないし，ふかふかのベッドがあるわけでもない。用意されているのは，蚊帳と寝袋，そして基本的な調理器具だけで，雨風がしのげる程度のきわめて簡素な居住スペースだけである（図 1-1）。ふだんは都市部で生活する学生たちにとって，こうした環境での生活は困難の連続であることは想像に難くない。事前に写真などを交えて説明しているとはいえ，日本に比べれば圧倒的に「不便」な生活環境に学生たちは文字通り圧倒される。トイレは外に設置され，水瓶に溜められた水を使って排泄物を流し，同じ水で水浴びもしなければならない。高床式のため，地べたに家を建てるム

図1-1　宿泊施設の内部

図1-2　ムラブリに森を案内してもらう

ラブリのように室内で焚き火はできないが，代わりに炭を使って日々の食事を作らなければならない。電気もあることはあるが，時期によっては停電になることも多く，ヘッドライトとランタンで夜を過ごすことも多い。また，村落内に売店はないため，他民族が暮らす近くの村に毎日買い出しに行かなければならない。売店では日用品や嗜好品，そして食料品を購入することができるが，冷蔵庫などはないため生鮮食品は氷を入れたクーラーボックスで保存することとなる。だが南国のタイでは生ものも数日しかもたないため，一日，二日で消費しなければならない。このように，今ある「資源」でいかに生活を成り立たせていくかが，学生たちに与えられた最初で最大のミッションとなる。

　フィールド生活は，ちょっとした（学生の言葉では「ガチな」）サバイバル生活である。日頃からキャンプなどに慣れ親しんでいればさほど気にはならないことも，都心部の大学に通う学生たちにとっては苦難の連続である。たとえば雨季に行なった第一回目の渡航は雨との戦いだった。せっかく水浴びをしてスッキリしたのに足は

図 1-3　ムラブリの家にコンクリートを敷き詰める

図 1-4　川での水浴び

すぐに泥まみれになる。また，トカゲやカエルなどの爬虫類がその辺をゴソゴソと動き回り，油断していると蚊帳の中に侵入してくる。やっと寝つけたとしても，早朝から鳴き続ける鶏のせいですぐに起きてしまう。学生たちは，泥まみれの足に心を打ち砕かれ，爬虫類の侵入に発狂し，睡眠不足で元気もやる気が削がれていくのである。

2）介入しない

おもしろいことに，こうしたときに真っ先に弱音を吐くのは男子学生である。女子学生は大声を上げて騒ぎ立てる男子学生らを尻目に「うざい」と言って軽くあしらう程度である。だが私はそんな彼らにあえて介入しない。一生活者となるために，日本での「快適な」住環境が誰かに与えられてきたものであることに気づいてもらうためである。すると学生たちは，どうすれば快適な住環境を作り出せるかを考えはじめる。だがここでも私が率先して何かを提案することはしない。そのかわりに

に「じゃあどうする？」と頻繁に聞くようにしている。たとえば「水が濁っている」と不満を漏らす学生には，「君が考えるキレイな水を確保するにはどうすればいいの？」と尋ね，「百歩譲って雨水。だから雨水を溜める」と答える学生に，「じゃあどうやって雨水を溜めるの？」と尋ね，「バケツを外に置いておく」と答える学生に，「そんなことしてたら一回の水浴びをするのに三日待たないといけないよ」と答えるのである。こうしたやりとりを通して，学生たちはブルーシートを広げて雨水をたらいに溜めることにした。「できないからしないのではなく，できないからなんとかする」と学生たちは意気込む。だがそんな努力は一日たりともたない。結局，彼らは溜めた雨水を使うことなく，元々ある濁った水で水浴びをすることにした。

しかし先のやりとりが不毛かというとそうではない。実際にどうすれば満足できるのかを考え，そのための手段を作り出そうとするからこそ，そこにかかる労力が膨大なものであることに学生たちは気がつく。そしてそれに疲弊するのである。そうなると次は，肥大化した欲望を満たすために労力をかけるよりも，欲望を縮小させることに気が向いていく。そして学生たちが濁った水で水浴びを一度でもすれば，私の任務は完了する。一度「あちら側」へと行ってしまえば，わざわざ労力をかけなければならない「こちら側」へは，「かえって面倒臭い」と，もう戻ってくることができなくなるからである。こうして自分たちなりの「こだわり」を捨てることで，快適な住環境を作り出すよりも今ある環境に合わせていくほうが圧倒的に「ラク」であることに学生たちは気がついていく。ある学生は次のように言っていた。「自分は日本から来たから「不自由」だと思ったけど，ムラブリはそうは思わないんだろう」。「ラク」から生まれる余裕は，自分たちだけでなく，ムラブリにも目を向けることにもなるのである。

他方，フィールド生活とは共同生活であるという点で，他人との付き合い方を学ぶ場ともなる。意識せずとも「自分」というものが露呈してしまうがために，他人との共同生活が意外と難しいことを学生たちは学んでいく。国内でのミーティングや食事会などで互いのことを多少なりとも知っているとはいえ，共同生活では互いのいやな部分がみえてしまうことが多い。一時的であるとはいえ，「運命共同体」となった以上，「仲良くする」がセオリーではあるが，プライベートな空間はなく，寝ても起きても常に誰かがそこにいるという「逃げ場」のない生活環境では，知らぬ間にストレスが溜まっていく。だが不平不満を言うと誰かを傷つけてしまうのではないかと誰も何も言わない。そんな他人への配慮がさらにストレスになって，人間関係を少しずつ壊してしまったりもする。しかし，だからこそ他人とどううまくつ

き合っていくかを考えるようになる。

　また，日々の生活を円滑に送るためには，個々人がそれぞれの役割を全うすることが必要になってくるが，それも次第にうまくいかなくなっていく。実際，最初はみんなで一緒にやっていた作業も，日が経つごとに特定の誰かに任せっきりになっていったり，かといって「これをやって」「あれをやって」と指示されれば，主体性を傷つけられたと不平不満を溜め込んでいく。しかしここでも私はあえて介入しない。正確にいえば，個々の場面で何か具体的な発言をすることはしない。なぜならストレスフルな共同生活で学生たちがそれぞれに抱える問題は，最終的には個人の問題に還元しうる住環境の問題とは異なり，他者とどのように共生するのかという，より広い射程をもった問題だからである。そこで必要となるのが，互いを尊重し合いながら生活を営むためにどうすればよいかを考える場であり，その役割を担っているのが夜ミーティングである。

■ 4-2　夜ミーティング
1）毎晩行うミーティング

　感性の鋭さからか，フィールド生活を通して学生たちはさまざまな感情を抱き，考え，気づきを得る。だがそれらは言語化という作業を通して初めて「自分のもの」になる。フィールド生活は共同生活でもあることから，学生たちは朝から晩まで無数のやりとりをしているが，立ち話程度で終わってしまう事柄であろうと，真剣にそれらに向き合うために，もりびとPJでは毎晩欠かさずにミーティングを行う。

　火を囲みながらコーヒーや紅茶を飲み，互いの表情や感情の機微を見逃さないよう輪になって話し合いの場をもつ。もちろん，まじめな話だけをするのではない。今日一日の感想をそれぞれ言ったり，ときには誰かの発言にツッコミを入れて談笑したり，次の日の献立を決めたり，炊事担当を決めたりもする。そして場が温まった頃合いを見計らいながら，私からここでの生活で抱いた感情や気づきを言葉にするよう促し，なぜそのような感情を抱いたのかを考え，そこから得た気づきを言葉にしていく時間を作り出していく。

　これは夜ミーティングに限ったことではないが，学生との会話で私が常に意識しているのは，彼らが必死に言語化したものの前提をさらに言語化するよう促すことである。そのときと場に応じて，「ムラブリだったらこう考える」とムラブリの視点から問いを投げかけることもあるが，基本的には「それで？」「それから？」「それはどういうこと？」と，執拗に言語化を要求する。まだ荒削りのものを少しでも形

にできるよう，こちらも言葉を通して学生の思考を促し，彼らが今現在持ち合わせている言葉のレパートリーからなんとか言葉を引き出させ，ときに新しい言葉を提供するのが，夜ミーティングでの私の主な役割となる。

2）学生たちの気づき

　ここで先の共同生活の話に少し戻ろう。夜ミーティングではとくに話すべきテーマや議題がすでにあるわけではなく，学生たちが好きなことを好きなように好きなだけ話せる場づくりを重視している。フィールド生活の開始当初はまだ互いに遠慮しがちなこともあり，まだストレスが蓄積されていないこともあって，「今日の反省を踏まえて明日はこうしよう」といったポジティブな話し合いが多いが，日が経つにつれてネガティブな話題が多くなっていく。

　たとえばある学生は，「チームワークの重要性」について話をした。「それぞれに好き勝手やることもよいことだが，それが誰かを傷つけることにもなる。自分の言動で相手がどう思うかを考えないと争いが起こる」という。言っていることは真っ当だが，彼の発言に対する反応はまちまちである。「もっと正直に本心を言い合ってコミュニケーションをとっていきたい」という学生もいれば，「そこまでいちいち自分の気持ちを伝えなくてもいい」という学生もいる。話し合いを経て出た結論の一つは，「文句を減らす。そうすれば「わかり合う」ことができなくてもみんなもっと過ごしやすくなる」だった。これに類似したものとして，「できることをできる範囲でそれぞれやろう」というものがある。「できないことはできない」と言ってしまえばそれまでだが，どこか肩に力が入っていてまわりがあまりみえなくなっていたことに気づいたことは大きい。

　ここで注目したいのは，「一緒にやろう」ではなく，「それぞれやろう」という結論に至ったことである。つまり「みんなが同じことをやるべきだ」ではなく，「できない人」や「やりたくない人」もいるかもしれないのだから，「できる人，やりたい人ができることをできる範囲でやろう」ということである。過度な同調意識を相手に要求しないことを前提としたこの結論は，膝をつき合わせながら意見を交わしたからこそのものといえるだろう。

　もっとも，このような結論がすぐに出てくるわけではない。学生たちは皆，どうすれば現状を改善し，それぞれに納得のいく生活を送ることができるのかについて思いあぐねる。そこで私が登場する。この場合，私はムラブリにおける「つながり方」について話をした。たとえば次のようにである。「常に対面的状況でプライベー

トな空間も少ない生活環境で暮らしているムラブリは，「近すぎず，遠すぎず」としか形容しようのない，不思議な距離感をもっている。小さい頃からお互いのことをよく知っているとはいえ，いざこざがまったく起きないわけではない。そんなときでも，ムラブリは話し合ったり言い争ったりしない。自分から相手と距離をおくことで，関係が修復されるのを静かに待つ。なぜならそれぞれの意見は尊重されるべきだと考えているからだ。だからいざこざが起きないように，執拗に近すぎることも，必要以上に距離をとることもしない」。ムラブリに特有の距離感を言葉で伝えることは難しいが，フィールド生活を通してムラブリを観察しているからこそ，学生たちはこの程度の内容で理解を示す。実際にいざこざが起きているからこそ，「ムラブリの場合は」という，学生たちが持ち合わせていない視点を導入することで，どうやったら自分たちもムラブリ的なつながり方を実践することができるのかを考え，話し合うのである。

3）「引く」こと・「待つ」こと

学生たちの言語化を生み出すためには，「押し」よりも，「引く」ことや「待つ」ことが必要になってくる。ときには一言二言だけを言い残したり，ムラブリの視点から考えるヒントを与えたりして「引く」ことで，学生たちがそれらを手がかりに自身の感情や気づきを言葉にすることの可能性に賭けて「待つ」。夜ミーティングは毎回2〜3時間ほどの長丁場となるため，一度にたくさんの問いを投げかけられては処理能力が追いつかずに眠気や疲労感だけが残り，最悪の場合，考えることをやめてしまったり，本来の問いを見失ったりしてしまう危険性もある。

他方，夜ミーティングは，学生同士，また学生と教員である私との信頼関係を醸成することに大きく役立ってもいる。フィールド生活では，正の感情だけでなく，負の感情もまた多く生まれることはすでに述べたが，生活そのものが非日常性を有するために，苦労を共にすることが連帯感を生み出すことに一役買っている。だからこそ私も今どのような働きかけが必要かを判断できるし，学生たちもまた一考に値する意見として私の言葉に耳を傾け，執拗なまでに問う私からの挑戦に受けて立ってくれるのだと思われる。

それでは，フィールド生活と夜ミーティングを大きな「揺さぶりのしかけ」とすることで，学生たちは何をどのように考え，変容してきたのかについて具体例とともに紹介しよう。それぞれにとって「「普通」が普通ではない」ことを，彼らはどのように言語化したのか。次節で紹介する事例は，自分の「あたりまえ」を自省的に

捉えながら，ムラブリやほかの学生の「あたりまえ」と自分の「あたりまえ」とのあいだを往来してきた学生たちの思考の軌跡である。

5 学生の変容

■ 5-1　ヨネの気づき

1)「僕はムラブリが嫌いです」

もりびとPJの初代リーダーを務めたヨネ（当時，教育学部2年）は，第一回渡航での夜ミーティングのとき，突然，次のように言い放った。「僕はムラブリが嫌いです」。ある意味で「場違い」ともいえる彼の発言に，その場にいた学生たちは若干のとまどいをみせたが，正直のところ，私は「ゾクゾク」した。相手が期待する言葉を察する「頭のよさ」をもった彼が本心をさらけ出したことにうれしさを感じるとともに，「ムラブリ好き」の私とは正反対の発言の真意を知りたいと思ったからである。そこで「ムラブリの何がどう嫌いなのか？」と尋ねてみると，「ムラブリには向上心がないから」と彼は言う。私はすかさず，「君にとって「向上心」とはなに？」と尋ねた。彼は少し考え込みながら，「夢や目標に向かって努力すること」と答える。これに対して私は，「なぜ夢や目標というものに向かって努力しないといけないの？」と尋ね，彼は腕を組んで考えたのち，「もうちょっと考えたい」と言った。そして私は彼を待った。

その後，2019年1月に行われたワボプロ成果報告会にて，もりびとPJを代表して彼に発表をしてもらった。そして彼とともに，「僕はムラブリが嫌いです」と言ったときの心情を言語化しようと，話し合いの場をもち，何度もメールをやりとりした。そこで焦点となったのも，「なぜ夢や目標というものに向かって努力しないといけないのか」という私の問いに対する彼の回答である。結果，彼は以下のことを考えるに至った。

2) ヨネの発表

彼は高校三年間，甲子園を目指して野球に打ち込んできたという。結果的に甲子園出場は叶わなかったものの，野球部を引退した後は大学受験という新たな目標をみつけ，第一志望であった早稲田大学に現役合格した。こうした挫折からの成功体験は，彼自身の人格形成に大きな影響を及ぼしていると彼は言う。「目標には大小さまざまあるが，目標に向かって努力することに，自分は充実感や幸福感を覚えて

きた。両親や高校の先生も，そんな自分を誇らしく思ってくれた」。ゆえに目標や夢をもつことで人は幸せで充実した人生を送ることができると疑ってこなかったという。そんな彼だからこそ，「家族と過ごすことができればいい」「貧しくても仕方ない，それでも楽しい」といった，あまり多くを望まないムラブリの言葉に，「自分の人生が大きく否定されているように感じた」という。「大きな目標に向かって努力してきたこの 20 年間は一体何だったのか」と，「怒りにも似た嫌悪感」を覚えたという。しかし考えているうちに，案外自分の価値観は狭く，周囲によって作られたものではないかと感じるようになった。つまり，彼が「正しい」と信じて疑わなかった「夢─努力─達成」という「幸せの方程式」は，「夢をみつけなさい，目標に向かってがんばりなさい」というメッセージを発する日本社会が作り出したものにすぎないのであり，「自分由来」だと思っていた価値観の多くは，じつは日本で生活しているうちに自然と体に染みついたものだったのではないかということに彼は「気がついた」。そして自分の価値観をムラブリにもおしつけて「ムラブリには向上心がない」と決めつけ，「明日は賃金が上がればいいな」や「おいしい肉を食べたい」といった彼らの刹那的な欲求を，「取るに足らないものだと切り捨てていた」ことに深く反省したという。「僕はムラブリに寄り添うのではなく，比較していた」。

3）ヨネの変化

2019 年 2 月末の第二回渡航で，ヨネは大きく変わったように思う。第一回渡航では不満を大声で口にすることでなんとかフィールド生活をやり遂げようとしていた。だが，慣れもあってか，第二回渡航では，リーダーとしてほかの学生の良さを引き出しながら積極的に活動に関わった。たとえば食べ物を平等に分ける「シェアリング」というムラブリの日常実践を自分たちの共同生活にも応用して，新しく加わったメンバーとのあいだに仲間意識を作り出していこうと言ったのは彼だった。

そんな彼が私との会話で印象深かったのは，「良いか悪いかは別にして」という，夜ミーティングの場で私が多用していた前置きだったという。「「良いか悪いか」という二者択一的な判断を早急に下してしまいがちな日本社会で，結論にすぐに飛びつくのではなく，多様な見方を総合的に考えないといけないんだと思った」。

そのうえで，第二回渡航で彼が掲げた目標は，「言語化」だった。第一回渡航では物事を一方向からしかみることができなかったり，フィールド生活に衝撃を覚えたものの，それをうまく言語化できずに終わったりしたことが，第二回渡航にも参加する主な動機になったという。実際に彼は，メモを手元に置いて，気づきを言葉に

する努力をした。若さゆえにあふれ出る感情を気づきに変え，それを言語化することで行動に移していくことの楽しさと大切さを自覚したことは，彼にとって大きな変化だったのではないかと思われる。

「ムラブリを好きな自分がいる」。これは第二回渡航の夜ミーティングで彼がふとこぼした言葉だが，ここには「自分とは違う他者」としてムラブリをみるのではなく，一生活者としてムラブリと生活空間を共にし，彼らを観察するなかで自分にはもっていないものをもつムラブリに尊敬の念を抱くようになった様子がうかがえる。「比較するのではなく寄り添うこと」という言葉の意味が，少しずつ彼のなかで意味をなしてきたのではないだろうか。ある夜ミーティングで彼はこんなことを言っていた。「「対等になること」と「わかり合うこと」は違うことに気がついた」。

■ 5-2　ウッシーの気づき
1)「自分の人生 80％はそねみ，ねたみで構成されてきた」

志望動機に「ムラブリ語に「嫉妬」という概念がないということに衝撃を受けたから」と書いていたウッシー（文化構想学部 2 年）は，「自分の人生 80％はそねみ，ねたみで構成されてきた。「あいつに負けたくない」とプラスに働いた部分もあったが，それよりも心が疲れることが多かった」という。

そんな彼は，ムラブリに「面喰らった」。ムラブリ語に挨拶言葉がないだけでなく，ニコッと笑っても笑顔が返ってくるわけではないこと，ムラブリは「みんながやっているから自分もやらなきゃいけない」という義務感をもたないこと，たとえわずかでも食料を独り占めせずにみんなで平等に分配することなど，ムラブリにとっては「普通」のことが，彼にとっては大きな衝撃だったからである。

ムラブリと出会うことで彼が覚えたのは，総じて「必要ない」という事態への驚きだったといえる。たとえば日本では挨拶しなければ半人前だとみなされたり，誰かが一生懸命やっているときは一緒に汗を流さないと嫌われたり，誰にでも分け与えているとどこか損をした気分になったりするが，ムラブリではそうしたことをいっさい必要としない。彼の言葉でいえば，「やらないことに寛容」なのである。もちろん，それが良いか悪いかはまた別の話である。だがそれでも，「ムラブリと生活していると本当に僕が目指していたものは正しかったのかと疑問に感じてくる」と彼は言う。「ムラブリに出会うまで，何か他の人よりも勝るものをもつことが社会への参加資格だと思っていた。それも目にみえるもの。「こういうことをしてます！」とか「あんなことできます！」とか。「肩書き」という名の鎧を身につけるとどんな

ものでも跳ね返せる気持ちになる。そして少なくとも，この世界に自分が存在する意義を，無理やりでもみつけることができる」。

2）日本社会を捉える

これまで彼と交わした言葉や文章からは，ムラブリという他者を経由して，彼自身あるいは彼が生きる日本社会という「自己」を自省的に捉えようと必死にもがく姿を垣間見ることができる。「なぜ挨拶をしなきゃいけないのか」「なぜ他人に嫉妬しなければならないのか」「なぜ何もかも能動的でなければいけないのか」など，正直にいうとこれからの社会生活を生きづらくする問いばかりだが，問わずにはいられないというのが，なんとも彼らしい。彼がいうように，「……しなければならない」という義務感は社会を動かす原動力の一つにもなるが，一方で「応えなければならない」という過度なプレッシャーは，ある種の「生きづらさ」を生む。彼は折に触れてこのことに苦しんできたようである。

そんなウッシーは，第二回渡航の夜ミーティングで，次のようなことを言っていた。「人に思いをはせるようになった自分に気がついた。これまでは損得勘定だけで物事を考えて，過程よりも結果を重視してきたが，それはつまらないと感じた。そんな人になりたくないと強く思った。ムラブリに出会って，斜に構えることがなくなってきたし，変な言い訳をつけずに物事をみることができるようになった」。そして第二回渡航のふり返りレポートで彼は，次のように書いていた。

> ムラブリには「ありがとう」という言葉がない。第一回の渡航では僕はその事実が苦痛だった。お酒をくれたムラブリに対して「ありがとう」と言う前に彼らはどこかに行ってしまう。後でお礼を言っても彼らはそんなことはどうでもよいというか，「気にするな」という態度を取る。だが今回の渡航では「ありがとう」と言わないことで楽になった。「気持ちが良い」とまではいかないが，彼らと僕のなかで何かつながっているような気がするのだ。それは，あえて，言わないからこそできあがる関係性だなと感じた。［…略…］もりびとPJでは，「放任主義」がキーワードだった。誰が何をしようと構わない。この言葉は僕らの社会ではどこか冷たく感じられる。でもムラブリは，相手を想っているからこそ，突き放すのだ。僕はつい，近すぎる距離を相手に求めてしまう。そして僕ができることを相手にも求めてしまう。でもそれは相手の問題であって，僕がどうにかできることじゃない。だが距離が近いぶん，僕は勝手に期

待してしまうのだ。［…略…］相手に過剰に期待しないことは，自分と相手の双方に「逃げ場」を作ることになる。逃げ場があるということはつまり，相手の行動を認めるってこと。相手を認めることは，自分も相手から認められるということでもある。自分の自由を確保することでもあるのだ。選択肢がある，それがちゃんと用意されている方が多くの人は助かるのではないかということもムラブリから学んだ。

3）ウッシーの変化

フィールド生活を終えて以降，彼は「しょうがない」や「ないならないでいい」といった言葉を発することが多くなったと，友人たちから指摘されるようになったという。友人たちからは，「もっと考えろよ。ほかに方法があるんじゃないか」と叱責されるというが，彼はそれを「決して諦念から来るわけではなくて，変えられないものは変えられないのだから，今あるもので解決していこうという気持ちになった」と釈明する。

ウッシーがとても不器用に映るのは，私だけではないだろう。しかし社会が必要とする人間になるのではなく，自分にとって生きやすい社会を創造するにはどうすればよいかを模索しようとする彼にとって以上で紹介した問いは必要なことだったと思える。そんな彼は今，もりびとPJの2代目リーダーを務めることになった。

■ 5-3　タカシの気づき

1）「人と比べる生活を強いられてきた」

ほかの学生にも類似した視点が認められるが，タカシ（教育学部2年）はより，ムラブリの生き方を自分の生き方にいかに応用していくことができるかを考えていた学生である。たとえば第一回渡航の帰国後に提出されたふり返りレポートで，彼は次のように書いていた。「人との関わり方について新たな視点を学んだ。私は今まで，人と比べる生活を強いられてきた（自分で強いてきたのかもしれないが）。競争社会だと思っていたからだ。こんなにも人と比べずに生きている人びとをみたのは初めてかもしれない」。

2）「あなたはあなた，わたしはわたし」

このようなことをタカシが強く意識したのは，「あなたはあなた，わたしはわたし」というムラブリの基本的な態度だった。フィールドでの共同生活は，ムラブリ

を観察する貴重な機会でもあるが，ムラブリにとっては私たちを観察する機会でもある。ムラブリよりも「贅沢な」食事をとる私たちをみて「うらやましくないのかな」とタカシは思ったというが，このことをムラブリに尋ねたとき，「それはあなたたちのことだから」というきっぱりした返答に「驚いた」。「相手と自分を分けるにしてもまったく悪気がなく，今ある自分の生活に満足するという意味で，良い意味で相手と自分を決別させていると感じた」。

　良くも悪くも，ムラブリは他人に干渉することをあまりしない。「個人の自律性」に高い社会的価値が認められているからである。「個人の自律性」とは，「個人の意思決定は尊重されなければならず，何人もそれを侵犯してはならない」という社会規範であり，タカシのいう「あなたはあなた，わたしはわたし」とはこのことを指している。比較することで他人に優越感を抱き，ときに嫉妬することでさらなる高みを目指すことを「あたりまえ」とする日本社会からムラブリが大きく異なっていることに彼は気づいたということだろう。そして彼は次のように言う。「これから競争社会で生きていこうと思っている自分にとっても大切な考え方であると思った。人と違うからしかたないと割り切ることで自分の芯を貫くことができ，逆に競争社会で打ち勝つことができるのではないかと思った。そっくりそのままムラブリの生活を取り入れたいのではなく，人と比べがちな日本での生活に，ムラブリのような「あなたはあなた，わたしはわたし」精神を取り入れたいと感じた」。

3）タカシの変化

　そんなタカシが，第二回渡航のときに摂食障がいを患っていたことを私は後になって知った。足しげくジムに通って肉体改造に励んでいた第一回渡航からは一転，ファッション誌に登場するモデルのような体型に憧れ，「やせたい」という強い欲求ゆえに体重を落とし，普通の食事をしても罪悪感にさいなまれ，「やせられないならいっそのこと死んでしまいたい」と感じ，過食分を嘔吐することでなんとか気持ちを保とうと苦しんでいたという。そんな彼は，「ムラブリに救われた」と第二回渡航のふり返りレポートで書いていた。「村での生活は鏡が極端に少ないために，自分の体型を気にする必要がなかった」。他人の目も自分の目も気にする必要のないムラブリとの生活は，摂食障がいで苦しむ彼にとって「大きな救い」だったらしい。そして彼は次にようにも書いている。「今までの私はどうだっただろうか。鏡を見て，体重計を見て，つまらないことにとらわれていたのだ。本当は好きだった食事さえも，制限して。自由に生きたい。見た目や体重など，つまらないことにとらわ

れないでのびのびと生きたい」。

　そんな彼の「救い」となったのが，第一回渡航で学んだ「あなたはあなた，わたしはわたし」というムラブリの基本的な態度だった。「他人の目を気にするのではなく，自分がしたいことをする。その自由は何人たりとも侵してはならない」というムラブリの社会規範を前に，タカシは改めて自分自身に向き合った。今思い起こすと，「一回目の渡航ではムラブリを「可哀想だ」と思っていたけど，今回はムラブリをどこかうらやましく思っている自分がいることに気がついた」という，第二回渡航の夜ミーティングで彼が発した言葉は，ときに心身を蝕むほどの過剰な欲求に苦しんできたことから解放されたゆえのものだったのかもしれない。

　そして彼は第二回渡航のふり返りレポートを次のように締めくくっている。

> 日本に帰り，即刻，筋トレを再開した。ただいま，ジム。おかえりなさい，僕の筋肉。この世には，筋記憶というものがあるらしい。筋トレを再開して3ヶ月ほどで，もとの筋肉が戻るそうだ。たくさん運動して，たくさん食べる。そこに罪悪感はない。あなたはあなた，わたしはわたし。私の好きなようにさせてもらう。現在，増量期。世のなかにはおいしいものであふれている。

　私の専門外であるため彼の病に直接言及することは避けたが，ふり返りレポートを受け取ったのち，私は彼に次のように伝えた。「君は君，僕は僕だけど，でも君は僕にとってタカシだよ。たぶん，ムラブリもそう言う」。彼が関心を寄せた「あなたはあなた，わたしはわたし」は，「他人を顧みる必要などなく，自分勝手であっていい」ということではない。「あなたにとってのわたし」も「わたしにとってのあなた」も，匿名化された個人ではなく，かけがえのない，代替不可能な個人である。彼がこのことにどこまで気づいているかはわからないが，ムラブリとの出会いが，彼の人生を少しだけでも変えうるものだったことは事実だろう。

■ 5-4　ハルナの気づき
1)「いかに自分が人のなかで調和を重視しているか」

　「過剰」ともいえるほどに「空気を読もう」とするハルナ（社会科学部2年）は，波風立てないことに細心の注意を払いながらこれまで人と付き合ってきた。これまではそんな自分の性格にあまり自覚的ではなかったというが，連日の夜ミーティングを通じてほかの学生が執拗なまでにこだわりをもっていることに驚きつつ，「いか

に自分が人のなかで調和を重視しているか」というこだわりを自分が強くもっていることを意識したという。「集団生活において自分勝手な行動は許されず，自分のことよりもまず集団がいかにうまく動くかを優先するべきである，と思っていた。それは私だけではなく相手も当然そう思っていると思っていたし，そうすべきであるとある意味「強要」すらしていた」。そのようなとき，ある意味で「こだわりがない」ムラブリが自分の欲求を他人に強要することがないように思え，独特の関係性を築いていることに気づいたという。「こだわりがない」ことを「足るを知る」と表現した彼女は，モノが飽和した現代日本で生活している自分にとっては「新鮮だった」と口にする。「「足るを知る」を日本で実践するのは難しいかもしれないが，一歩引いて欲望に歯止めをかけることができるようになれば，逆に豊かな生活ができる気がした」。

ハルナがもりびとPJを通して考えた「豊かさ」とは，自分の価値観を相手に強要することのない，いわば互いの自律性を尊重し合う人間関係であり，それはまさにムラブリが実践していたものだった。こだわりをもつことそれ自体は批判されるべきことではないが，それが人と比較するときに用いられるとき，こだわりはときに強要という暴力性をもつのだとハルナは気づくこととなったようである。

2)「よく生きるとは」

このように考えると，第二回渡航を通じて，「よく生きるとは」というソクラテスが発した哲学的な問いを彼女が問うたのはある意味で必然だったのかもしれない。彼女はふり返りレポートで次のように書いていた。

> 東南アジア屈指の世界都市でもあるバンコクにはモダンな高層ビルが立ち並び，その発展度合いには驚いた。世界都市といえば，私が住んでいる東京だって負けてはいない。だが，いわゆる「豊かな」生活をしている私たちは「ただ生きる」ことの水準が高すぎて，それに見合った「よく生きる」方法がわからないのではないか。そう考えたのは活動の二日目があまりにも暇だったときだ。メンバーの半分は町に買い出しに行き，私たちは村に残って洗濯ヒモを張ったり階段の続きを作ったりした。しかし思いのほか早く終わってしまい，ただ留守番する時間が生まれてしまった。寝ても皆は帰ってこないし，ご飯を食べ終わってもまだ皆は帰ってこない。衣食住が満たされた健康な体だけが残されてしまった。日本にいる時だってそうだ。学校やバイトがない暇な時間，つま

り自由な時間は結構ある。だが携帯電話をいじって時間を潰すくらいで，何もしていないのと等しい。就活を意識する時期であるが，就職したいのは生活するための安定した収入が欲しいからであって，特に夢もない。これは「ただ生きる」ことができるのが将来の夢と言っているようなものではないか。静かな村を歩いてみると，子供たちは全力で遊び，おばあさんは屋根の草を編んでいた。私のようにボーっとしている人はおらず，かといって日本人のようにせかせかとしているわけでもなかった。

「豊かな」私たちは，「ただ生きる」水準が高すぎて日々その実現に必死になってしまい，いざ「ただ生きる」ことが実現されると，それ以外のことを考える余裕がなく，どこに向かっていけばいいのかわからず体を持て余してしまう。一方でムラブリはある意味で足るを知っていて，私たちからみれば「ただ生きる」ことに余裕があるようにみえる。その余裕が，人に強要しない距離感や時間の過ごし方など，あの「ムラブリらしさ」をもたらしているのではないだろうか。

3）ハルナの変化

　第一回渡航では自分やまわりにのみ関心を払っていたハルナだが，第二回渡航を通じてムラブリと開発についても考えが及ぶようになったという。彼女の目には，ムラブリを対象とした政府主導の開発が誰を基準としたものだったのかよくわからないものに映ったという。これは，最終的には「タイ化」が目指される開発において，「ムラブリにとってよく生きるとは」という基本的かつ最も重要な視点が開発には含まれていないのではないかという，彼女なりの疑問だった。「ただ生きる」ためであれば支援しやすいものの「よく生きる」ための支援は難しいのではないかという，開発論にも直結する問題である。

　さて，「今ではムラブリびいきになった」という彼女が最終的に考えるに至ったのは，「私自身の「よく生きる」ためのヒントとしてこれからもムラブリとつき合っていきたいし，彼らが「ただ生きる」ための手助けができれば」というものだった。これはハルナが自分自身に向けた回答であると同時に，ムラブリに向けた彼女自身の立場表明である。

■ 5-5　アキラの気づき

1)「チームでの問題解決について学びたい」

　アキラ（基幹理工学部1年）は第二回渡航からもりびとPJに加わった学生である。志望動機に，「チームでの問題解決について学びたい」「日本に住んでいるからこそムラブリの生活の不便な点を見つけ出す観察眼と，現地での限られた物資を最大限活用して打開策を生みだす能力を身につけたい」と書いたのは彼だった。メンバーのなかで唯一の理系だからか，彼はほかの学生とは違った視点から発言することが多く，もりびとPJでの学びに新風を吹き込んだ存在でもある。

　たとえば第二回渡航の初日の夜ミーティングで，彼はこう言っていた。「これまで自分が生きてきた環境とは違って，村の雰囲気は不思議だった。小さなコミュニティでも生活が成り立っていることは頭では理解していたが，実際はどのようなものか想像がつかなかった。大きなコミュニティだと役割分担が明確で，ある事柄に特化できるため物事は効率的に動く。自分はそのことをよしとして，どうしたら社会がより効率化できるかを考えたくて今の学部に入ったが，ムラブリのような小さなコミュニティでは，効率化とはまた違った形で人びとが動いている」。

　観察眼の鋭いアキラは，ムラブリという他者を通して，ムラブリの「もののやり方」を学びつつ，自分の「あたりまえ」を強く意識するようになったという。たとえばあるムラブリの家の床をコンクリートで固める作業をした際，自分たちは役割を決めたり，事前に手順を確認したりするなど，「物事を区切る」ことで作業に当たろうとしたが，ムラブリはそんなことはせず，臨機応変にそれぞれが作業に従事していたことに彼は大きな驚きを覚えた。「ムラブリはスムーズ」「自分は階段を降りるような流れを生きてきたが，ムラブリは滝から水が落ちるような流れを生きている」。そんな彼にムラブリは各個人がスペシャリストではなくジェネラリストであることを伝えると，彼はそのことに強く惹かれていたようである。何かを与えられたからやるのではなく，自ら何かを作り出すことにやりがいを感じてきたというアキラは，自分がジェネラリストであることをベースにスペシャリストになることに向けて切磋琢磨してきたというが，ジェネラリストという点では「ムラブリは自分の上をいっていた」という。このことをとくに意識したのは，あるムラブリ青年に連れられて森を歩いたときのことだった。「身体能力や，森での知識が，一人で生きられるように最適化されていて，遺伝や本能的なレベルでも，ムラブリは生きることに長けているのだなと感じた」。彼はまた，ムラブリの子どもたちが年長者の体や道具の使い方を観察することで知識と技術を盗みながら自分のものにする能力に

長けているのだと感じ，それがジェネラリストを育てていく教育環境なのだと考えたという。

2)「ある意味で最強で，ある意味で弱い」
興味深いのは，「そんなムラブリがある意味で最強で，ある意味で弱いと感じた」という彼の言葉である。彼はその理由を次のように説明する。

> 最強といえる理由は，逃げ場を作れるから。ムラブリは，森に逃げて一人で生きられるからこそ，村での生活，とくに対人関係に自由が発生するのではないか。生きていくという最低限度のことが一人で行えることに，ムラブリはある意味で最強だと感じた。逆に弱いと感じたのは，皆がジェネラリストであるからこそ，スペシャリストによる高い技術革新や作業の効率化が生まれないと考えたから。もっとも，ある事に特化するからこそ，特殊な知識や技能に対してねたみやひがみの感情が生まれることもある。これらの負の側面を考慮したうえで，各々の価値観にそって，「幸せ」の判断をする必要があるのではないか。少なくとも，これら二つの生き方が存在していることを知り，選択しようと思えばどちらの生活も選択できるという状況に，「自分は幸せである」と感じた。

3) アキラのこれから
アキラは第二期もりびとPJのサブリーダーを務めることになった。次回の渡航でどのように変容していくのか個人的に非常に楽しみにしているが，彼にとって初めてとなる第二回渡航は，効率化や合理化に比重をおいてきた彼の価値観を揺さぶり，これまでとは違った視点で物事を考える機会になったことだろう。ジェネラリストであるムラブリにシンパシーを感じつつも自分はまだ彼らほどに「生きる能力」を身につけてはいないことを彼は知ったが，そのうえで私たちが生きる社会を念頭にムラブリのもつ「弱さ」を指摘した彼は，「発展か否か」という二者択一に回収しえない問題設定の仕方を覚えることとなった。みながジェネラリストであることがムラブリのような小さなコミュニティの生活を成り立たせている大きな要因であることを理解しつつも，それでは現状を改善することはできないという複雑な問題を前に，彼はこれからどんな答えを出すのだろうか。

6 おわりに:「答えなき問い」に立ち向かう

　理解したと思った瞬間にわからなくなる。他者とはそういう存在である。私自身，7年ほど足しげくムラブリのところに通い，彼らを研究しているが，「理解できた」と自信をもって言えることなど，ほんの一握りのことでしかない。フィールドで得たデータと向き合い，ああでもないこうでもないと頭を悩ませる日々を送っている。だが他者という森へと分け入り，右往左往しながらいると，一筋の光明が差し込んでくるときがある。そこで得られる気づきには，アカデミックな問いに答えるものもあれば，私個人の生き方にとって大きな指針になっているものもある。だからこそ，ムラブリという圧倒的な他者がつきつける私たちの「非常な常識」と向き合うことに，私は学びの無限の可能性をみている。

　これまでみてきたように，もりびとPJは達成感だけを味わえるようなプロジェクトではない。さまざまな挫折感や喪失感もまた，このプロジェクトには埋め込まれている。自己破壊が無条件によいとは思わないが，慣れ親しんだ環境から距離をおくことで得ることのできるそれらは，他者の生活世界を理解し，自己を再発見するうえで必要な「通過儀礼」の一要素であると考えるからである。だがそこでの気づきを言語化できなければ「自分のもの」にはならない。

　「体験の言語化」を応用しながらワボプロで実践されているのは，それぞれの世界認識を個々の文脈に落とし込みながら言語化することで，新しい世界認識を獲得していくプロセスである。そのなかでさまざまな「常識」や「あたりまえ」を疑う余地を手に入れた学生たちの変容は想像以上に大きい。私たち自身の「非常な常識」と向き合いながら，「答えなき問い」に立ち向かうことこそが，学生たちの「世界」を拡張し，「新しい世界」を発見することにつながっていくからである。もりびとPJの副題が，「ムラブリを学ぶ」ではなく，「ムラブリに学ぶ」であるのはこの理由による。

02 海士ブータンプロジェクト
「あたりまえ」のその先へ

平山雄大

プロジェクト名称	海士ブータンプロジェクト
取り組む社会課題	地域活性化
活動地　海外渡航	・島根県隠岐郡海士町 ・ブータン
年間参加費用	・約3万円（海士町までの往復交通費） ・約20万円（ブータン渡航費）
活動地での活動時期	・夏季休業中（9月）　約14日間（於：海士町） ・春季休業中（2-3月）　約10日間（於：ブータン）
活動内容	・海士町各地での就労体験，ブータン関連イベントの実施 ・地域密着・体験交流型ブータンスタディツアーの実施

1　はじめに

　本章では，「海士ブータンプロジェクト」（以下，あまたん）の活動を通してブータンに関わり続けてきた一人の学生に焦点をあてる。彼女が何を学びどのような現実解釈の変容を起こしたのかについて，担当教員である私がどのようなしかけ・働きかけを行なって揺さぶったのかを交えながら紹介したい。

2　ブータンと私

■2-1　ブータンとの出会い

　私がブータンに初めて足を踏み入れたのは2004年3月のことである。当時の私

は，自分がこれまで生きてきた世界の常識が通用しないインドへの旅をきっかけに，「自身の「あたりまえ」が「あたりまえ」ではない」南アジア・東南アジアの国々に惹かれ，夏休み・春休みの長期休業のたびにいわゆる貧乏旅行を繰り返し各地をさまよい歩く……という早稲田の学生だった。そして必然的に，ブータンという貧乏旅行者お断りの小国（宿泊・食事・移動などをパッケージ化し，1泊最低200ドルを旅行者に課す公定料金制度を導入している）の存在を知り，「何か風変わりだ！ あやしい！ 行ってみたい！」と思い巡らせ，当時所属していた世界旅行研究会というサークルで同国に対する想いを発表していた。そのときはインドから陸路で国境を越え南部の町のみを訪れたが，そこは喧騒と活気が渦巻くインドの町とは正反対の，のどかでどこか心落ち着く不思議な場所だった。いつか必ずまたこの国に戻ってくる，そんなことを予感しながら旅を終えた。

■ 2-2 ブータン再訪

再訪の機会をうかがいながらも実現せずに悶々としていた2006年初頭，ブータンに実習に行く授業が始まるという衝撃的な噂を聞きつけた。早稲田大学平山郁夫記念ボランティアセンター（以下，WAVOC）提供オープン教育センター設置科目として2006年度から2008年度まで開講された「地球体験から学ぶ異文化理解——ブータン王国での実践を通して学ぶ」である。大学院に進学し履修資格がなかった私は，当時WAVOC着任1年目だった岩井雪乃先生に間を取り持っていただき，担当教員である坂本達先生に「何でもやるので授業に関わらせてください！」と頼み込み，TA（教務補佐）として参加し授業運営や実習の引率補助をさせていただくことになった。結局，このとき3年間TAを務めた経験は，その後ブータン研究の道に進む直接的な契機となった。

ブータンの人びとの屈託のなさやそこで育まれてきた多様な文化に惹かれたのはもちろんだが，私がとくに興味をもったのは，チベット仏教を基盤にした文化を強く保護する一方で，英語を教授言語とした学校教育を行うなど，伝統的なものとそうでないもの＝近代的なものを共存させながら国家開発を行おうとしていることであった。それは換言すると，日本や多くの国が「あたりまえ」に行なってきたGNP・GDP成長率を最重視した開発を反面教師として，「あたりまえ」ではないオルタナティブな道を模索し，豊かさの意味を問い直すブータンの開発姿勢であった。物質的な豊かさのみではなく精神的な豊かさの向上をも射程に入れた国家開発など可能なのか，そもそもどのような社会的背景のもとでそのような考えが生まれたの

か，実際にブータンの人びとはどう思っているのか……，興味関心はつきるところがなかった。

　授業終了後も再訪を重ねたり文献収集を続けたりしていたが，新たな出会いや偶然のつながりがさらに私をブータンに深く結びつけ，気がついたら両足がどっぷりはまり抜け出せなくなっていた。ここ数年は自身の研究のほかにも，ガイドブック改訂のための取材，島根県立隠岐島前高等学校の探究活動「グローバル探究（ブータン）」の引率，JICA 草の根技術協力事業申請のための調査，大学の体験的学習科目の引率，また本章で取り上げるあまたんの諸活動などで訪問する機会が一段と増え，これまでの渡航回数は合計 30 回に及ぶが，足を踏み入れるたびに生まれる新たな発見・驚きがブータンに対する私の士気を鼓舞し続ける。

■ 2-3　大学院への進学

　大学院に進学して以降の私の専門は比較・国際教育学であり，地域研究である。比較・国際教育学とは「国や文化圏における教育を，歴史的，現代的な視点から，比較し，また，それぞれのあいだのさまざまな関係や，国，文化圏を越える世界（地球）的な関係などを明らかにし，教育の本質的なあり方を究めようとする学問」（石附 1996：4），地域研究とは「他者を理解しようとする努力と発見の面白さに支えられながら，自らの歴史性と他者との交錯する地点を見定めようとする長い努力の過程であり，すぐれて目的意識的な知的行為の総称」（押川 2005：6）とされている。両者の根底にあるのは「自身の「あたりまえ」が「あたりまえ」ではない」ことへの気づきを発端としつつ，「比較という手段を通して新たな見識を生み出す」という点であると私は考えている。

　ブータンに対する興味関心はとどまるところをしらず，私は指導教授と相談を重ね，それまで長年携わっていたカンボジアの初等教育開発研究に区切りをつけ，ブータン研究を一から開始することにした。そして 2013 年 4 月，早稲田大学教育総合研究所の助手に採用されたタイミングで日本ブータン研究所という任意団体を設立し，発表者・参加者が共に学び合える情報交換・意見交換・相互研鑽の場の創出を目指して毎月最低 1 回のペースで開催される「ブータン勉強会」を主宰し始めた。

3 海士ブータンプロジェクトの始まり

■3-1 授業科目として・ワボプロとして

　2016年4月にWAVOCに着任してから立ち上げた正課としての科目「教育支援を通した社会貢献」「ブータンから学ぶ国家開発と異文化理解」「海士の挑戦事例から学ぶ地域創生」「ブータン地域研究——社会を見る目を養う」では，教育，開発，異文化，地域をテーマに，ときに国と国（たとえば先進国と途上国），ときに地域と地域（たとえば都市と農村），ときに教育支援に携わる各アクターの活動（たとえば政府機関とNPO・NGOの活動）を比較し，問題の背景にある社会構造を多角的に理解すること，新たな視点から各履修生なりの社会貢献の方法論を構築することなどを目標に授業を展開してきた。また，着任1年目にはブータンにおける都市部と農村部の教育状況の比較，学校訪問，児童生徒や教員との交流などを通して相互に学び合い，異文化理解・相互発展を促進させることを目指したWAVOC主催ブータン研修旅行（後述）を企画・実施した。

　そのようななかでWAVOCの新たな取り組みとして早稲田ボランティアプロジェクト（以下，ワボプロ）が開始されることになり，持続可能な社会の構築の一翼を担うことを目指し，島根県隠岐郡海士町とブータンの2か所をつなぐプロジェクトを提案した。「どうして海士町とブータンが舞台なのか」とよく聞かれるが，それは両所が「自身の「あたりまえ」が「あたりまえ」ではない」ことへの気づきの宝庫であり，「共通する課題を有する両所をつなぎ比較検討することによって，新たな見識が生み出され問題解決が図られるであろう」という私の直観によるところが大きい。学生がボランティア活動を行うなかでの海士町とブータンでの出会い，さらに活動の途中で生まれるであろう葛藤や悩みからの学びは必ずや大きく，また同時にそのようなボランティア活動を許容する余白・土壌が両所には存在すると判断された。

■3-2 ブータンと海士町

　「GNH（Gross National Happiness，国民総幸福）の最大化」を国家開発目標に掲げ，2008年7月に成立したブータン初の成文憲法にも「国家は，GNHの追求を可能とする諸条件を促進させることに努めなければならない」（第9条第2項）（Royal Government of Bhutan 2008：18）と規定したブータンは，「世界一幸福な国」を目指す南アジアの小国として広く注目を集めている。伝統的なものと近代的なものを共存させながら国家開発を行おうとしているものの，農村から都市への人口流出／過

疎化，家族・コミュニティのつながりの希薄化，貧富の差／地域間格差の拡大，環境問題，失業率の上昇など近代化に伴う問題を数多く内包しており，とりわけ都市への人口の一極集中と対をなす地方を巡る問題は今後よりいっそう深刻になると予想される。

　他方で日本海に浮かぶ隠岐諸島の一つ中ノ島に位置する海士町は，本土からフェリーで約 3 時間揺られたところにある人口 2,300 人ほどの小さな町である。「島の滅亡の危機」と例えられた超過疎化・超少子高齢化・超財政悪化が進むなか，2002 年 5 月から 2018 年 5 月まで 16 年間町長を務めた山内道雄氏のもとで，身を切る行財政改革，攻めの産業・雇用創出政策などが遂行され，現在は「地域創生のトップランナー」「挑戦し続ける町」「最強の離島」としてメディアに取り上げられることも多い。

　海士町とブータンは，周囲にあるのが海か山かの違いはあるが，どこか似た風景が広がっている。隔絶された立地条件やそれに付随する周囲との関係性，信頼されるリーダーの存在なども共通しているといえる。また，海士町にはコンビニも映画館もラーメン屋もないが，「なくてよい」と「大事なものはすべてここにある」という二つの意味が込められた「ないものはない」という，ある意味で開き直ったキャッチコピーを打ち出して島のブランド化に着手している。この点も，ないものはないゆえに GNH という開発哲学を編み出したブータンと相通じるところがある。このような背景のもと，ブータンの地方問題に一石を投じることを大きな目標としてあまたんは始動した。

　あまたんは学生が主体となるボランティアプロジェクトであり，学生の自発性＝ボランティアに重きをおき，教員が引っ張るのではなく活動を巡るほぼすべての事柄をメンバーである学生同士で議論しながら確定させていくかたちをとっている。何をするかについても教員側から一方的に提示することはせず，どのようなアクションを起こすことが「よい」ことなのかどうかの是非も最初から示すことはしない。とはいえ，教員はただ見守っているというわけではなく，専門知を通して考える・行動するヒントの提供を随時行い，ときに意識的に自身の経験や生きざまをさらけ出し問いを投げかける。また，たとえば助成金獲得に向けた申請など，新たなチャレンジに対しては学生とともに悩みもがくことも多く，その点で少人数制の体験的学習科目と比べても教員と学生の距離は近い。その具体的な内容については次節以降で紹介してみたい。

4 初めてのブータンでの気づき：つながりの強さ

■ 4-1　サエの場合

　本章で焦点をあてるのは，あまたん第2代代表の櫛部紗永（以下，サエ）である。彼女はワボプロ開始前に私が企画したWAVOC主催ブータン研修旅行の参加者であり，その経験を機にあまたんの活動に参画した。2019年6月現在，同研修旅行での渡航を含めブータンに3回訪れている。大学在学中にブータンを3回（も）訪問したというのは，同じく研修旅行の参加者であまたん初代代表の三井新（以下，アラタ）と並んで世界でも珍しい例といえよう。各渡航終了後に記された感想を主な分析材料として，彼女の現実解釈の変容と再構築を読み解いてみたい。

　ブータン研修旅行は2016年12月初頭にWAVOCのウェブサイトおよびメールニュースを主媒体に参加募集（定員10名）を開始し，締切を待たず定員に達した。12月下旬，当時法学部の1年生だったサエはWAVOC3階の教員室に顔を出した。ブータンについての知識はほとんどないが，貧困の連鎖を断ち切る唯一の方法が教育であるとの認識から，教育をテーマにした同研修旅行への参加を決めたという。第一印象は，ずばり「しっかり者の聡明な学生」で，帰国後に作成された報告書でも「基本的に落ち着いていて1年生に見えない。物事を見極め，まわりを見て判断ができる才女」（櫛部・三井 2017：6）と紹介されている。ほかの参加学生の動機はさまざまだが，①ブータンに行ってみたい，②途上国の教育問題に興味がある，③GNH政策に興味がある，④ブータンの実状に直接ふれたいというものが多数を占めた。

　2017年1月から2月にかけて3回の事前学習を行い，近代学校教育史やGNH政策を含むブータンの国家開発政策を集中的に学ぶ時間を設けた。とくにブータンを知るうえでの必須事項である隣国チベットおよびシッキムの消滅とそれに伴うブータンでのナショナル・アイデンティティ確立の動向に関しては重点的に取り扱い，この知識はサエの感想にも反映されている。また事前学習を行なった日の午後には同会場にてブータン勉強会（任意参加）を開催し，大学教員，元JICA青年海外協力隊，「地球体験から学ぶ異文化理解——ブータン王国での実践を通して学ぶ」OBらと意見交換する場を設けた。

■ 4-2　初めての研修旅行の感想

　実際の研修旅行は2017年3月4日から13日にかけて実施した。往路は機内預け荷物が経由便に乗り継がなかったり，滞在後半は数年ぶりという大雪の影響でスケ

ジュールが大幅に変更になったりと，引率の私は終始心配していたが，首都ティンプーの私立小学校およびガサ県の公立小学校訪問・教員との意見交換を通した教育の地域間比較，中学生との懇談といった一連の活動を遂行することができた。以下は彼女が帰国後に記した感想である（櫛部・三井 2017：30）。

【ブータンにみる本当の「つながり」とは】
東京の雑踏に佇むと，ふと孤独を感じる瞬間がある。人々が常に何かに追われながら忙しく行き交うまちなかでは，真剣に人と向き合う機会すらない。そんなすれ違いを繰り返す日々に生きていることを実感するたび，急速な時代の流れに隠された怖さと寂しさを知る。きっと求めなくとも与えられ得る情報通信の発達によって，人間関係における「つながり」は希薄化してしまったのだと思う。
ブータンで，ある少女に将来の夢を尋ねると，こんな言葉が返ってきた。
「私は，この国を守るために，この国に役立つ人間になりたい。だからいつか私はブータンと世界をつなぐ架け橋になりたい」。
私はその答えを聞いたとき，ブータン王国の辿ってきた歴史を背景に，人々が互いを支え合い信頼関係を築くことで生きるという人間本来のつながりを強く感じた。そしてそれは国王をはじめとした人や国のもつ力に対する信用の証なのだと彼女の純粋な想いから知った。
近年，国家開発目標に定めた GNH の最大化に注目が集まり話題となったブータンであるが，その斬新な理論が，小国である内陸国ブータンの，経済発展著しい世界のなかで生き残りを賭けて生み出した概念であったという話を聞くとどこか感慨深いものがある。かつて隣国であった北のチベットは大国中国に，西のシッキムは大国インドに併合されるなかで，独立を守ったブータン。国土の大部分が山岳地帯という特殊な地形のために，今なお国道は横に 1 本，縦に 4 本と，道路インフラも未だ完全に整備されていない状態だ。
そんな後発開発途上国ブータンがこれほどまでに一体感を保ち独自の文化的アイデンティティを確立できているのは何故なのか。思うにそれは，死や終わりを見据えるなかで自らができることと向き合っているからではないだろうか。
「貧しい友達がいたら私にできることをする，立場に上も下もなくて全員が平等だから。何かを与えると，いつか自分にかえってくるの」。

ブータン人の人生観において仏教による影響は紛れもなく大きい。生老病死や輪廻転生，過去とのつながりのなかに自分という存在がありながらもその目はすでに死の先にある未来を見据えている。信仰における祈りは自分のみならず他人の幸せを願う素直な想いに派生しており，歴史故に国王への信頼と，私たちがこの国を守り続けるという責任感は人一倍強い。

ブータンにいると，人と人とのつながりで社会が構成されることに改めて気づかされる。バスの窓越しに見かけた手作業での橋や道の整備や，牛を使い棚田を耕す農業の風景。そんなどこか懐かしい風景のなかで，支え合うという人の温かみや人の心と触れ合うことでしか感じられない想いを知ることは，機械化が進み価値観が多様化された現代社会で生きる私にとって，まさに人間味という言葉の似合う新鮮な感覚に思えた。誰もたった一人だけでは生きていけない。当たり前のことなのに，伝統を守りながら国を守りながら共にブータンを支える人々のつながりを感じたこの想いは，人と一生懸命に向き合う大切さを私に教えてくれた。

■4-3　当時のサエ

　当時の彼女の「後発開発途上国ブータン」に対する一番の気づきは，「私は，この国を守るために，この国に役立つ人間になりたい。だからいつか私はブータンと世界をつなぐ架け橋になりたい」「貧しい友達がいたら私にできることをする，立場に上も下もなくて全員が平等だから。何かを与えると，いつか自分にかえってくるの」という当時中学生だった少女から発せられた言葉に代表される，人と人さらに国と国民のつながりの強さにあった。それは「一体感」や「共創」と言い換えてもよいだろう。ブータンには日本＝自身が生まれ育った東京と比較して強い信頼関係があり，同時に人びとは文化的アイデンティティを確立していると彼女は考えた。

　確かに1980年代半ば以降，ブータン政府は「ナショナル・アイデンティティの保護・促進」（Planning Commission, GRoB 1987：22）を国の開発目標の一つに位置づけ，国家開発を行ううえで国の独自性や伝統的価値観・文化を明確に形成し守っていくことを大切にしてきた。以降，教育内容のブータン化，公的な場での民族衣装の着用，国語であるゾンカの習得・使用，礼儀作法の順守などの取り組みがなされている。またGNHの構成要素を示す指標の一つに「コミュニティの活力」をあげ，人のつながりの強さを幸せの構成要素の一つと捉え，その関係性が希薄化しないよう注視しているが，彼女はつながりの強さやアイデンティティ確立の理由の一つとし

図 2-1　ティンプーの私立小学校での交流

図 2-2　意見交換を行なったガサ小学校の教員のみなさん

てブータン人の死生観に着目し、「死や終わりを見据えるなかで自らができることと向き合っているから」と考察した。

　ただし、人と人、国と国民のつながりの強さに関する気づきは決して彼女特有のものではなく、「先進国」からブータンを訪れた多くの旅行者が抱く感情である。自分たちにはない、もしくはすでに失われた牧歌的とも表現されうる風景や、どこか懐かしい感覚をブータンにみつけ「古き良き＊＊＊＊」に想いをはせることは、同国に関わり始めるうえでの嚆矢といってよいだろう。

■ 4-4　教員の工夫

　このあまたん開始前夜の研修旅行は、教員である私が一人ですべての企画を練り上げ実施したという点でその後のあまたんの活動とは異なるものの、①下地づくり（限られた時間・予算のなかでブータンの都市部と農村部を比較するための下準備）、②人間関係づくり（異文化理解／対話の機会の創出／「お客さん」からの脱却を目指す）、③ふり返り（衝撃・違和感などからの考察・分析）の大きく三つに分類される学びのしかけは、あまたんの諸活動にそのまま踏襲されている。渡航中は②と③のために動

き回ることになる。たとえばサエのブータン観に大きな影響を与えた中学生の少女はかねてからの私の知り合いであるが，この子と対話すれば確実に有意義なやりとりがなされると判断し，意図的に彼女の家族を訪問し交流する時間を設けている。

　人びとの生活に可能な限り密着することが，異文化を理解するための近道の一つであることには疑いの余地がない。この研修旅行においても以降のあまたんの現地活動においても，ホームステイはその重要な手段となっている。できるだけ同じ生活環境に身をおき，寝食を共にし，同じ行動を試みることによって，みえないが確実に存在する「旅行者と生活者の境界線」をまたいでいく。異文化を理解するにあたっての私からのアドバイスは「相手の大切にしているものを大切にする姿勢」という一言に集約されるが，「自身の「あたりまえ」が「あたりまえ」ではない」経験が短期間のうちにとりわけ多くなされるのはホームステイ中であり，サエも以下の気づきを残している（櫛部・三井 2017：18）。

> 円になって食卓を囲むという家族団欒（だんらん）の様子を見て，羨ましく思えた。自分一人の時間をもてることが至福だと思っていた自分に気づき，違和感をもった。仏間で寝させていただいたが，着替えていたり寝ていても構わず仏間に入り祈りを行うアパ（筆者注：ブータンの国語ゾンカで「お父さん」の意）を見て，仏教に対する信仰の深さを知った。

5　2回目のブータンでの気づき：開発への違和感

■ 5-1　「やっぱり何もない」

　あまたんの活動1年目となる2017年度は，メンバー募集を経て5月末より始動した。まずはアラタとサエが中心となって話し合いを重ね，「海士の挑戦事例をもとに，ブータンの地域活性化に主体的なプレーヤーとして携わり，日本とブータンの未来を切り拓く」というビジョンと「学ぶ，感じる，活かす」というミッションを定めた。9月には有志の学生が海士で2週間の就労体験を行い，2018年2月24日から3月4日にかけて，地域のニーズを把握し自分たちにできることを詳察するためにブータン西部において地域調査を実施した。以下は，サエにとってはちょうど1年ぶりのブータン訪問となった同調査から帰国後に記された感想である（三浦 2018：32）。

【いまを生きる】

「やっぱり何もない」。一年ぶりに訪れたブータンは変わらず空が広かった。冬の風は肌寒くも，太陽の陽ざしは眩しく暖かい。そんな体温の違和感も二度目となると，懐かしい感覚として蘇る。一年前初めてブータンという国に足を踏み入れた時は，見える景色，聞こえる言葉，感じる香り，すべてが新鮮で，すべての驚きが自身の発見に思えた。

私にとって二度目となる今回のブータン渡航は，島根県海士町における地域創生の先進事例をブータンの地方に活かすという海士ブータンプロジェクトの現地視察の一環であり，その意味で私の視点は明らかに一年前と変わっていた。一週間という限られた滞在期間で，地域の魅力づくりという面から，「ブータンらしさ」ならぬブータン王国の特色を導き出そうと常に必死だった。

しかし，人間の感覚というのは素直なもので，慣れが本能的な気付きを鈍くさせる。異国の地であるブータンの景色が，何故か自分には当たり前に映ってしまう。だからこそ，初めて渡航をしたメンバーたちが次々に繰り広げる質問は，素朴な疑問でありながら，どこか本質を突かれた気がする発見ばかり。考えれば考えるほどプロジェクトの限界を感じ，正直なところ，二度目の渡航は失われていく感受性に悔しさを覚える経験となった。

そして今，私は東京の雑踏のなかに生きている。

「自分のためじゃない。誰かのため，皆のため」。そんなブータン人の価値観とは裏腹に，すれ違う日本の人々はどこか冷たく自分の世界を生きている。日本国民の一員としての意識もつながりも失われた生活を日々繰り返している。そして時に，この切ない感覚は何だろうと，ブータンを思い返す。同じ民族衣装を身に纏い，国王を慕い，他人の幸せを願う，ブータン国民のあの温かい一体感が愛おしく感じてしまう。

ふと「ブータンらしさ」とは，いまを生きる国民そのものなのかもしれないと考える。思えば，彼らの生活を知る過程で見えてきたものは，自然や宗教などあらゆる存在に生かされているという価値観だった。それは決して目に見えない。ただ，ブータンのいまを覗けば，GNH含め環境教育や伝統の継承を促す政策として自ずと感じることが出来る。私はその価値観を，正しさや見習う必要性，もとい一種の生きかたとして伝えていきたい。海士ブータンプロジェクトが最終目標に掲げるスタディツアーは，それらの体現である。現地に行き，人に触れ，日本人としてブータンの魅力を客観的に捉えることで，今後の人生

に対し主観的な視点をもって生かしてほしいと願う。

そんな夢を描きながらも一方で，自分がブータンを訪れ地域創生をテーマに活動することが本質的にブータンの力になっているかと言われれば，現時点ではわからない。ましてや，ボランティアかと言われれば違う気もする。実際，ハでのファームステイ先での「人の欲は終わらない，昔の不便さを変えよう変えようとするのはキリがない」という言葉は，その場所に住む人の幸せや生活環境の充実度の面からみて，敢えてそこに手を加える所謂活性化に対する違和感を強めるきっかけとなった。だからこそ，地域創生という課題は，根拠のない意義付けとしてカタチにしてはいけない。あくまで価値観の共有として，ブータンの現状を伝え，記録として残すことが日本人として出来る最大の貢献だと思う。

またあの懐かしい感覚を思い出す。「やっぱり何もない」。そう言いながら，ブータンのいまを日本人として生きることから，始めたいと思う。

■ 5-2 「先生，難しいですね」

「先生，難しいですね」。移動のバスのなかで，ふとサエがつぶやいた。「そう，難しいんだ。とにかくいろいろな人に話を聞いてみよう」と私は答える。あまたんの活動は，ブータンでの気づきを一過性のもので終わらせることをせずに，同国で顕在化し始めた都市部・農村部の格差問題について理解を深め，海士町とブータンをつなぎアクションを起こそうというものである。それは当然簡単な作業ではなく，直接ブータンの人びとと触れ合い議論を深めないと先に進めない。求められていない活動はおしつけとなり，たとえ遂行したとしても自己満足に終わってしまう。さらに，「日本（海士町）からブータンへ」という矢印（のみ）が本当に「よい」ことなのかという疑念も残されている。今回の調査でブータンの地域のニーズを把握した結果，当初の想定通りその矢印は保たれるかもしれないし，保たれないかもしれない。出される結論によって，あまたんの2年目の活動の方向性は大きく変わる。

感想にある通り，あまたんのテーマである「ブータンの地域活性化」を具現化するために，自分たちなりの支援の形をみつけることを目的としたサエの二度目のブータン渡航は，葛藤とともにあった。都市部と農村部を徹底的に比較し，近代化のよさと過疎化する地方の問題点をあぶりだすことで地域活性化という社会課題に向き合う計画を立てた渡航チームは，先進国と途上国を比較するように，農村部に足りない何かを必死に探し続けた。

学生がブータンで調査を行うにあたっての私の主な仕事は人間関係づくりであり，効率よく都市部と農村部を巡り，立場の違う人びととの対話の機会を一つでも多く創出することである。このときの地域調査では，事前に渡航メンバーと協議しながら確定させたNGO，テレビ放送局，JICAブータン事務所，学校，大学，農家，農場といった各訪問先へのアポ確認および都市部と農村部双方の生活を体感するための両所でのホームステイ手配がそれに相当した。

　「お客さん」からの脱却というのは，正直にいえばたった数泊のホームステイでは無謀な話である。それでも私がこれまでブータンに関わるなかで培ってきた人的ネットワークを駆使し，受け入れをしてくださるホストファミリーとの事前協議を通して，過度なもてなしを避け「親戚の子が遊びに来ている」程度の感覚で接してもらうことを目指した。また「せっかく遠くからきてくれた日本の学生さんに，変なことは伝えたくない」などと気をつかって相手が期待している返答を用意してくれがちなブータンのみなさんに，学生からの質問にかしこまらず，自身が思ったとおりの率直な意見を出してもらいたいと事前に話し合い，念押しをした。

■ 5-3　「今くらいがちょうどいい」

　ハ県の農村でホストファミリーにインタビューをしたときのこと，「これから地方にはどんな開発が必要だと思いますか」というサエの質問に，家長は「今くらいがちょうどいい」と返答し「人の欲は終わらないのだから，昔の不便さを変えよう変えようとするのはキリがない」と続けた。チベット仏教の足るを知る精神が如実に反映された家長の回答は，開発することは当然「よい」ことであると考えていたサエの「あたりまえ」が，家長にとっては「あたりまえ」ではないことを静かに示していた。

　彼女はその一言に「地域創生の概念自体が覆されたような衝撃」を受けたとふり返り，当事者の生の声を聞いたことで，第三者である自分たちが支援する意義がわからなくなってしまったと言った。地方や農村が求める幸せはすでにもうあるのではないだろうか。農村に生きる人びとが今の暮らしに充足し幸せなのだとしたら，あえて開発をおしつける必要はあるのだろうか。「ボランティアって何なのか……」最後はそんな根本的な問いにぶつかった彼女と渡航メンバーは，自分たちの力でできる「よい」支援について，さらにあまたんが活動することの意味について議論を始めた。

　活動中のふり返りや議論は，基本的に毎晩のミーティングのなかでなされる。ホ

図 2-3　ハ県のホストファミリーの家長（左）

図 2-4　パロ県の農家にてお話をうかがう

ームステイ先の居間，ホテルの一室，さらに空港の出発ゲートなどで車座になり，各自でその日の気づき，衝撃，違和感などを三つ程度書き込んだふり返りシート（という名の A5 サイズの画用紙）をもとに考えをシェアしていく。そこで出てくるのは「農家の大きさに驚いた」「お坊さんの修業のたいへんさは想像以上だった」といった単純かつ新鮮な発見から，国王と国民の距離感の近さや若者の宗教・文化に対する意識の高さへの指摘，さらに，たとえば以下のように，少し踏み込んで開発の意味を問うもの，海士町との共通点を探ろうとするもの，次のアクションを見据えるものまでさまざまである。

【地域創生の意味って？】
ハのアパに今後変わってほしいか尋ねたら，「物はすぐに手に入るし，電気や道も必要な限り届いている。ハは昔（60 年前）に比べて 30％くらい変わったけれど，これで十分」と答えてくれた。「人の欲は終わらない。昔の不便さを変えよう変えようとするのはキリがない」，その場所に住む人の幸せや生活環境の充実度を考えると，敢えてそこに手を加えることの違和感がある。

【また戻ってきたいと思える場所（海士町との共通点）？】
「息子にはここで農家をついでもらいたい」。でも，テンジンちゃん（筆者注：アパの娘の名前）は「勉強がしたければティンプーに将来行っても良いと思う」というアパの思い。セントラルスクールのように効率化を考えることで，暮らしやすさの要素が都市に集中しすぎると，出身の村に対する戻ってきたいという思いが消えてしまうのではないか。

【残すことの大切さ】
データを残さないことは同じ失敗につながる。農業だけに限らず，急成長するブータンを目にして，またブータン人が石をみんなで砕きながらパロ空港をつくっていたような過去のブータンを比較して，刻々と変化するブータンを記録として残すということそのものに，私たちがブータンを訪問した意味を見出せる気がした。

■ 5-4 教員の工夫

　ミーティングでの私の主な役割は，比較の視点の投入を中心とした揺さぶりおよび海士町とブータンの諸相に関する情報提供である。「なぜそう思うの？」「感じた衝撃を違う言葉で表現すると？」「そのときの気持ちは？」といった体験の言語化を行ううえでの基礎となる問いかけを起点として，「日本（海士町）では？」「ブータンのほかの地域では？」「隣国インドとの関係性は？」「ブータンの開発政策はどうなっていたっけ？」「都市と農村という括り（のみ）で括れるかな？」「先進国と途上国という括り（のみ）で括れそう？」「逆の立場だったらどう？」などと問いかけ続けることで，学生の気づきを掘り下げる。またたとえば教育と地域の関係性に関する話題がでたら，学校教育の質的向上政策の一環で，ブータン政府は地域の学校を閉鎖・統合したうえで各県の県庁などに設置したセントラルスクールで集中的に教育を提供する取り組みを行なっていること，幼少期から各地域と子どもたちを分断してしまうことにつながるこの政策に対する批判もあること，逆に海士町は地域唯一の高校を存続させ，そこでの学校教育を魅力化＝ブランド化することによって「学校を核とした地域創生」を展開していること……などについて補足説明をしたうえで意見を求める。

　先の「今くらいがちょうどいい」「人の欲は終わらないのだから，昔の不便さを変えよう変えようとするのはキリがない」という家長の回答は私も予測しておらず，

ここでそういう回答を出してくれるのかと少々驚いたが，非常に示唆に富むもので，メンバーの意識変容を促すポイントはこれだと直感した。「地方には＊＊＊＊が必要なんだ」「ブータンには＊＊＊＊が足りていないんだ」といった回答を得ることで，あまたんの活動の方向性が固まる可能性もあったが，結局はこのうれしい驚きをもとに議論を進めることになった。

　ここで初めて，サエはブータンをみつめる自身の視点がある種の偏見をもっていたことに気づいた。活動をするなかで，地域創生や地域活性化という言葉ばかりが先行した結果，「地方は不便で活気がないから，都市部のように開発し活気づける必要がある」という思い込みをしていた。だから自分たちは本質を見誤っていたのだと知った。言い換えれば，それは，「あたりまえ」だと自分たちが思っていたことがじつはまったく「あたりまえ」ではなかったということへの気づきである。生活を便利にすること，足りないものを増やすこと，それが必ずしも「よい」ことにつながるわけではないのだ。

■ 5-5　改めて発見したブータンの魅力

　それでは，自分たちが感じたブータンの魅力とは何だったのか。そして，既存の先進国から途上国への開発支援観にとらわれずに，自分たちにできることは何なのか。悶々としたままブータンを後にした彼女と渡航メンバーは，帰国後も話し合いを重ねた。

　ブータンの魅力に関しての彼女たちの一つの結論は，それは「今を生きるブータンの人びとそのもの」だというものだった。ブータンの人びとの「自分のためじゃない。誰かのため，みんなのため」という自他共栄の精神，あらゆる存在に生かされているという価値観，現世だけでは完結しない（前世・来世も含めた）時間軸の広さ，実直さ，人間の力ではどうしようもできない自然に対するある種の諦観，国王と国民の距離の近さ，若者の宗教・文化に対する意識の高さ……。彼らの文化や価値観に触れることで得た学びを，一種の生き方として伝えるあまたん主催地域密着・体験交流型ブータンスタディツアーの実施が，観光産業への貢献という視点も踏まえて，現時点で自分たちにできる最大のボランティア活動だという結論に至った。つまり活動開始当初「日本（海士町）からブータンへ」という矢印のみを想定していたあまたんの活動は，2017年度の地域調査でのひっかかりから，「ブータンから日本（海士町）へ」も含む双方向的なものへと形を変えることとなった。

表 2-1　教員によるしかけと学びの流れ（まとめ）

①	下地づくり：限られた時間・予算のなかでブータンの都市部と農村部を比較するための下準備
i	ブータンの地域のニーズを把握し自分たちにできることを詳察するために渡航
	→「ブータンの地域活性化」を具現化するために，支援のあり方を現地で模索した
ii	地域活性化をテーマとするからこそ，徹底的に都市部と農村部を比較
	→先進国と途上国を比較するように，近代化のよさと地方の問題点を探す
②	人間関係づくり：異文化理解／対話の機会の創出／「お客さん」からの脱却を目指す
iii	より理解するため，ホームステイ等を通して地方に暮らす人びとにインタビュー
	→「人の欲は終わらないのだから，昔の不便さを変えよう変えようとするのはキリがない」の回答
iv	→地域創生の概念自体が覆されたような衝撃
	当事者の生の声を聞いたことで，支援する意義がわからなくなった
	→あえて開発や発展をおしつける必要はあるのだろうか
	→「ボランティアって何なのか……」という根本的な問いにぶつかる
③	ふり返り：衝撃・違和感からの考察・分析
v	ブータンをみつめる視点がある種の偏見をもっていた
	→「地方は開発し活気づける必要がある」という思い込みをしていた
vi	既存の先進国から途上国へという開発支援観にとらわれずに自分たちにできることは？
	→ブータンの魅力＝今を生きるブータンの人びととそのもの／ブータンからの学びを重視
	→彼らの文化や価値観に触れる地域密着・体験交流型ブータンスタディツアーの実施

■5-6　教員によるしかけとサエの現実解釈の変容

　教員によるしかけとサエの現実解釈の変容事例をリンクさせると表 2-1 の通りになる。まず，①下地づくりのパートでは，「自分たちにできることは何なのか」を探るために都市部と農村部を比較し，先進国と途上国を比較するように近代化のよさと地方の問題点を探した（i, ii）。次に，②人間関係づくりのパートでは，ホームステイなどを通して人びとにインタビューをし，当事者の生の声を聞いたことで，地域創生の概念が覆され，自分たちが支援する意義がわからなくなった（iii, iv）。そして，③ふり返りのパートにおいて，既存の開発支援観にとらわれずに「ブータンからの学び」を重視し，現時点で自分たちにできること＝あまたん主催ブータンスタディツアーの実施を考えた（v, vi）。

　サエの変容は，一言でいうと「「ボランティアのあり方」に関する意識の変容」で

ある。「地方は活気がなく不幸せ」という思い込みへの気づきから,それまで彼女がもっていた開発支援観に変化が生まれ,結果,「スタディツアーの実施を通した地域創生」という新たなボランティア活動が模索された。海士町には,学校における出前授業と地域密着型交流を絡めたスタディツアー「AMAワゴン」や,隣接する西ノ島,知夫里島も舞台に含めたスタディツアー「SHIMA探究」といった先行事例があるが,それらもうまく参照しながら,約1年後(2019年2月)にあまたん主催ブータンスタディツアーを実施することとなった。

6 3回目のブータンでの気づき:ないものはない

■6-1 サエの感想

　活動2年目となる2018年度,サエが代表となって迎えた春学期は地域創生係,ブータン渡航係,交流係などの係別に分かれてミーティングを展開した。島根県立隠岐島前高等学校の生徒・卒業生との交流会を実施したり,荒川区立第七中学校でボランティアに関する講演をしたり,日本ブータン研究所が実施するブータン勉強会や日本ブータン刺繍協会が実施するブータンフォーラムを共催したりしながら,8月6日から8月13日にかけてブータン東部にて地域調査を行い,東部を舞台としたスタディツアーの可能性を探った。また9月の海士町での就労体験を終えた秋学期からは,あまたん主催ブータンスタディツアー開催に向けた準備を進め,実際に2019年2月11日から18日にかけて西部にて実施した。

　以下は,8月にブータン東部で行なった地域調査に関するサエの感想である(櫛部他2018:30)。

> 【ないものはない】
> 蒸し暑い空気,土埃に混じる香辛料の匂い,騒がしい話声。
> 三度目のブータン渡航はインド・アッサム州のグワハティから始まった。空港を出るなり,こっちだと手招きするインド人達の視線を感じる。こんな時いつも「私は日本人なんだ」,そう自覚する。観光客の一人としてカウントされている様な,見えない壁がインドにはある。思えばブータンではそんな感覚は一度も感じなかった。
> 国境の街サムドゥップ・ジョンカルに向かう道でも,おのずとインドとブータンを比較していた。コンクリートで舗装された平坦な直線道路がブータンへと

延びている．片側二車線の道，川を跨ぐ大きな橋，あふれるほどの人を乗せた列車．気づけばインドはブータンにないものばかりが目につく国だった．
正直なところ，このないという感覚は東部ブータンの中心地タシガンでも変わらなかった．如何に文化を維持するかを問題視する経済発展が顕著な西部に対し，時が止まっているような感覚を覚える東部．手付かずの自然に棚田が連なり，素朴な村々が点在する世界には，古き良き伝統が根付く．酒やとうもろこし等の食文化，織物や竹細工等の特産品，見た目の顔立ちさえも独特だ．いわば，所謂観光名所と呼ばれる見どころよりも，周辺国との文化的つながりを感じさせる人々の営みに魅せられる，そんな場所が東部にはある．
「この国はブータンの人々しか幸せに出来ない」．
ふと少女の言葉が蘇る．彼女曰く，ブータンは国力相応の価値でしか取引ができない為に，インド・中国からの輸入品は偽物ばかりだという．「自分たちが幸せ，それで十分」．ブータン人にとっての幸せのレベルが，経済力やインフラというあらゆる形で体現されているのかもしれない，そう思うと単なるないではなくないものはない（大事なことはすべてここにある）のフレーズが頭によぎった．
思えば，インドや中国ないし日本もモノばかりがあふれている．社会の分業体制によるモノ作りは，誰のためという目的意識を希薄化させたのかもしれない．たった三度の訪問だが，私は毎度この国から，自らの国はブータン人自らの手で作り築き上げるという強い意思を感じる．今回タシガン・ゾンでは，木材を切り壁画を丁寧に書くというまさに手作業の本堂作りの過程を目にし，彼らの姿にブータン人としての誇りを感じた．
自らの手で守るからこそ，国に対する愛着が芽生え，国王そして共に生きる国民同士を敬い愛することが出来る．だからこそブータンの人々は私達にさりげなくも「来てくれてありがとう」の言葉を届けてくれるのだと，日本に帰り思い起こす．おもてなしの精神を世界に伝える日本だが，果たして国民自身は日本に対する誇りを抱いているのか，そう問えば素直に肯定できない自分がいる．
幸せの国ブータン．私にとって今回の渡航は，発展途上国でも先進国でもないこの国の幸せの意味を自分なりに見つめ直す最後の旅だった．総じて様々な気づきと改善点を感じたことは間違いない．実際，東西を比較しブータンにおける都市と農村の明確な差を実感した今，地方創生の意義は見出せた気もする

> し，医療費・教育費無料の背景にある政府開発援助ではインドへの依存も感じずにはいられない。ただその問題意識に勝って感じることは，それがブータンの在り方だという想いだ。どれだけ日本で彼らのことを知り・学び・助けたいと願っても，遠く離れた環境も異なる場所で育った私達の思い描く彼らの幸せは所詮客観的でしかない。本来の幸せは，そこで生きる人間にしかわからない。だからこそ私は，彼らの肉声を聞き，彼らの生き様を知り，彼らの本音を伝え続けたい。ないものはない，その本当の意味をブータンから教えてもらった気がする。

あまたん主催ブータンスタディツアーの実施を2018年度の活動の最終ゴールとした学生たちは，西部以上にブータン固有の文化が色濃く残っているという東部でのスタディツアーの実現可能性を探るべく，インドのアッサム州から陸路入出国するという行程で東部を目指した。

前回の渡航での葛藤を経て「ボランティアのあり方」に関する意識の変容をみせたサエは，初めての訪問時に「後発開発途上国」と表現したブータンを「発展途上国でも先進国でもない」と捉えると同時に「やっぱり何もない」から「ないものはない」へと解釈を変容させ，同国から学ぶという姿勢を深めている。この変容は，「日本（海士町）からブータンへ」にとどまらず「ブータンから日本（海士町）へ」を含む双方向的なものへと形を変えたあまたんの活動の現れであるとも指摘できよう。さらに彼女は，ブータンのあり方を受け入れ，「遠く離れた環境も異なる場所で育った私達の思い描く彼らの幸せは所詮客観的でしかない」と，自身と他者（ブータン人）の感覚の違いを相対化し俯瞰できるようになっており，それまでの活動を通した成長をうかがい知ることができる。

図2-5　ブータン東部での地域調査

今回の渡航メンバー内で唯一西部への訪問経験があった彼女は，地域調査中，冷静に東西比較を行なっていた。西部では「如何に文化を維持するかを問題視する経済発展」を垣間見たが東部はただひたすら「時が止まって」おり，東部を訪問して初めて地域活性化の意義が見出せた気がするという。道路インフラや医療制度に明らかな課題が感じられ，過疎化も顕著になってきている。「自然豊かな風景や，人のつながりさえも魅力になるのは西部にない良さ」ではあるものの，東部はすべてが途上であるとの印象を受けたようだ。

■ 6-2　あまたん主催のブータンスタディツアーの感想

あまたん主催ブータンスタディツアーは，同国の「よさ」を体感すると同時に都市部と農村部の違いを知り，ブータンで起きている地方問題を知ることを目的として計画された。参加費用の面から期間は1週間・利便性の面から訪問地は西部とし，その限られた日程・行き先で最大限のパフォーマンスを発揮できるよう，メンバー内で話し合いを重ね綿密に組み立てた。11月から開始した参加者募集に呼応してくれた5名の学生を迎え，事前に行なった3回の参加者ミーティングで結束を固めると同時に出発前日に開催した第100回ブータン勉強会で学びを深め，本番にのぞんだ。以下に参加学生の感想の一部を抜粋する（岩井・三井 2019：30-33）。

> ハの，文化を守りながら発展するという方針が幸せの国として発展するにはいいことなのかと私は思う。国際社会のなかで生きていくには発展は不可避ではあるだろうけど，急ぎすぎない，必要以上を求めない発展の仕方を求めることが幸せにより近いかと思う。何が幸せなのか，自分は何を求めているのか考えるきっかけになるツアーだった。（政治経済学部1年）

> ブータンの一番の魅力は何。人に聞かれて，答えられなくて考えた。ブータンは非日常の世界というわけではない。ブータンは，非日常のなかにも日常がある。ネットに夢中の若者たち，SNSは大ブーム，過疎化の農村，脱落すると厳しい学歴社会，社会的弱者への理解のなさ，浮気もよくあるとか。それは私たちの知っている，いかにも人間的な現代社会。しかし，それを取り巻く環境に，チベット仏教という一本の筋が通っている。国王や両親，先生への敬意という一本の筋が通っている。そしてそのすべてを広大な自然が覆っている。ブータンの美しさは，きっとその融合が見えることなのだと思う。（法学部4年）

> 私が見たブータンはほんの一部に過ぎず，きっと地域によってもいろいろな幸せのかたちがあると思うとワクワクする。また今回の旅でブータンが抱えるアルコール，薬物，情報化など様々な問題や課題を目の当たりにした。発展とともに変わりゆく「時間の使い方」。変わってほしくないというのは観光客の一存である。まだまだ知識の少ない私にできることは，ブータンに関心を持ち続けることだと思う。（スポーツ科学部4年）

7 おわりに：「あたりまえ」のその先へ

　自身の「あたりまえ」が「あたりまえ」ではない。確かにブータンはそのことへの気づきの宝庫である。豊かさの意味を問い直す同国の開発姿勢はホストファミリーの家長の言葉へとリンクし，開発することが「よい」ことであると考えていたサエの「あたりまえ」を崩し，「「ボランティアのあり方」に関する意識の変容」を彼女に起こさせた。思えば私のブータンへの興味関心の発端もそこにあるわけだが，「GNHの最大化」を国家開発目標に掲げオルタナティブな道を提示する同国に向き合い続け，関わり続けるなかで，改めて同国から得られる学びの可能性を感じている。

　学生の自発性に重きをおいたボランティアプロジェクトとして2年間活動するなかで，教員は専門知の提供をはじめとしたしかけ・働きかけを行なってきたが，「比較という手段を通して新たな見識を生み出す」というしかけに関しては，サエの感想を読み解く限り改善の余地があると感じている。あまたんの活動を通して都市部・農村部の比較や東部・西部の比較といったブータン国内の地域間比較は行われているものの，それらの比較を通した発見は事実確認の域を超えてはおらず，「新たな見識を生み出す」までには至っていない。さらに日本（海士町）との比較検討に関しては薄く，海士町とブータンをつなぐプロジェクトでありながら，両地での活動が別個に確立され少々分離してしまっているきらいがある。また，あまたん主催地域密着・体験交流型ブータンスタディツアーの実施を通してブータンの現状を知る機会，実際に触れる機会の創出はできたが，それがどれだけ現地への貢献につながっているか（観光産業への貢献という視点だけで良いのか）という点も課題としてあげられ，次回の実施に向けて現在進行形で議論が続けられている。

　今回のサエの事例もまたそうであったように，あまたんの活動は悩みや葛藤を経

て次に進む。現地に訪問し続けること，関わり続けることに重きをおきつつ，「あたりまえ」のその先にある気づき・学びをさらに深化させる取り組みを教員側も模索しながら，引き続きプロジェクトを推進していく。

【参考・引用文献】

石附　実（1996）.「比較・国際教育学とは何か」石附　実［編］『比較・国際教育学』東信堂, pp.4-21.

岩井里花・三井　新［編集］／平山雄大［監修］（2019）.『早稲田ボランティアプロジェクト「海士ブータンプロジェクト」第1回ブータンスタディツアー報告書』早稲田大学平山郁夫記念ボランティアセンター

押川文子（2005）.「方法としての地域研究　特集にあたって」『地域研究コンソーシアム「地域研究」』7(1), 5-12.

櫛部紗永・平田阿己美・塚越美友・木村歌那・大歳貢生［編集］／平山雄大［監修］（2018）.『早稲田ボランティアプロジェクト「海士ブータンプロジェクト」2018年度ブータン渡航報告書』早稲田大学平山郁夫記念ボランティアセンター

櫛部紗永・三井　新［編集］／平山雄大［監修］（2017）.『早稲田大学平山郁夫記念ボランティアセンター（WAVOC）主催「第1回ブータンスタディツアー」報告書』早稲田大学平山郁夫記念ボランティアセンター

三浦彩由香［編集］／平山雄大［監修］（2018）.『早稲田ボランティアプロジェクト「海士ブータンプロジェクト」2017年度ブータン渡航報告書』早稲田大学平山郁夫記念ボランティアセンター

Planning Commission, RGoB (1987). *Sixth five year plan 1987-92*. Thimphu: RGoB.

Royal Government of Bhutan（RGoB）（2008）. *The constitution of the Kingdom of Bhutan*. Thimphu: RGoB.

03 狩り部
狩猟を通して「動物との共生」に向き合う

岩井雪乃

プロジェクト名称	早稲田大学狩り部
取り組む社会課題	農村における獣害問題
活動地　海外渡航	千葉県鴨川市，山梨県丹波山村
年間参加費用	現地活動1回につき1.5万円程度
活動地での活動時期	2ヶ月に一度1泊2日
活動内容	罠設置の補助，解体，発信イベント，ジビエメニュー開発

1 はじめに

　1990年代以降，世界的に環境問題への関心が高まり，その過程で「動物を保護すること」は当然と考えられるようになった。また，ときを同じくして，人権への配慮意識も高まり，民族や思想を越えて多様な人間集団が共生することも「あるべき姿」と考えられるようになった。そして，それは動物にも範囲を広げており，「動物の権利」「動物愛護」の意識が高まっている。このような現代社会において，私は研究と実践活動のテーマとして「動物と人間はいかに共生できるか」を探求してきた。本章で取り上げる「狩り部」は，このテーマの活動の一つである。本章では，「動物と人間の共生」に取り組んできた経験をもとにして，狩り部の学生に対してどのような工夫を考えながら接しているかを，具体的な言動を記述して紹介する。そこから，早稲田ボランティアプロジェクト（以下，ワボプロ）という教育実践の一つの事例を示したい。

2 狩猟と私

■ 2-1 タンザニアの猟師との出会い

　私が狩り部を立ち上げた理由は三つある。第一は、私は20年前から、「猟師ってかっこいい！」と尊敬し憧れていたからだ。もともと私は、アフリカのタンザニアで「野生動物と人間の共生」について研究してきた。そのなかでタンザニアの猟師に出会ってから、動物とそれをとりまく自然環境に関する猟師の知識と経験の奥深さに圧倒されてきた。獲物である10種ほどの哺乳類に関する知識はもちろんのこと、ほかにも地域に生息する40種の哺乳類、500種の鳥類、数えきれない爬虫類や昆虫についても、その生態や食性にくわしかった。書き出すときりがないが、少し紹介すると、地名・地形などの地理的情報、植物の季節的な変化、水はどこで入手できるか、夜を過ごすのに安全な場所はどこか、天気を読む力、動物の移動ルートを推測する力、火がつきやすい薪に適した樹種、毒蛇にかまれたときに解毒作用のある草など、包括的かつ経験に裏打ちされた知識と技をもっていた。それがないと、獲物を獲れないのは当然だし、そもそもサバンナから生きて帰ってくることもできないのだ。

　「動物好き」で「大学で専門的に学んだ」と思っていた自分の「知」が、いかに浅はかなレベルだったかを思い知らされた。猟師は、動物と知恵比べをして、それに勝たなければ獲物を獲得できない。「観察する」だけの「研究者」のレベルよりも、猟師の知識は一枚も二枚も上手だった。同時に猟師たちは、「動物は賢い、かなわない」といつも言っていた。誰よりも動物を恐れ敬意をもっていた。話を聞けば聞くほど、猟師への尊敬の念がつのっていった。「私ももっと動物のことを知りたい、自然のことを知りたい」という想いは、「私も猟師になりたい」という憧れになっていった。

■ 2-2 深刻な獣害との直面

　理由の第二は、日本で獣害（野生動物による農作物被害）が深刻になってきたからである。私は15年前からは、タンザニアでの研究の延長として、アフリカゾウによる農作物被害対策ボランティアに取り組んでいる。つまり、日本で獣害問題が大きくなる以前から、すでにタンザニアで同様の問題に取り組んできていた。日本でも獣害が拡大している状況では、自分の足元の同じ問題に対して何かすべきだろう、と考えていた。

そして，とうとう私も獣害被害の当事者になった。これが第三の理由である。5年前，2014年にわが家の田んぼがイノシシに荒らされて全滅したのだ。半年間，時間と労力をかけて育てた稲が，稲穂をたわわに実らせた9月，イノシシに入られた。「うちの田んぼも週末には稲刈りだね」と夫と話した翌日のことだった。朝起きたら，田んぼは全面的に掘り返され，稲はなぎ倒されていた。稲穂は食いちぎられ，残った稲も倒れて泥と獣の臭いがついてしまって食べられるものではなかった。120kgの収穫がゼロになった。ここまで稲を育てるために，夏の炎天下のなか，熱中症で倒れそうになりながら生い茂る雑草を刈り払ってきたのに，8月の水不足と台風を，なんとか乗り越えてようやく実ったのに，それを収穫直前でメチャメチャにされた。「絶対許せない」と本気の殺意がわいた。

■ 2-3 「私の米を食ったイノシシを狩る」

　これまでタンザニアで，ゾウの被害にあっている農民の声をさんざん聞いていた。「ゾウが憎い，いなくなってほしい」「自分が明日食べるものがないのに，ゾウを好きだなんて言えると思うか？」。農民たちの生活はギリギリで，収穫がなければ食糧を買うために，子どもの学費を削り，医療費を削るしかない。生活の質が低下し，栄養状態も悪くなる。さらには病気にかかるリスクが高くなり，治療費の現金が結局は必要になるだろう。しかし収穫がなければ現金を捻出することもできず，死につながっていくのである。子どもには，農業ではなく給料をもらえる仕事に就いてほしいと願っているが，それを叶えるにはよりよい教育が必須である。しかし，その資金もゾウに奪われている。私は，その状況を知っていたので，ゾウを憎む農民の言葉に対して「ゾウが好きとか，共生したいなんて思えるわけがない。駆除したいと思うのも当然だ」と共感していた。とはいえ，自分自身のなかに「ゾウを駆除したい」という気持ちがわいてくることは決してなかった。

　しかし，自分の田んぼがイノシシに荒らされたとき，まさに私の内側から「私の米を食ったイノシシを狩る」という気持ちがわいてきた。そこには，これまで費やしてきた労力・時間がすべて水の泡となり，収穫の期待も踏みにじられた，怒り，やるせなさが，ドロドロと渦巻いていた。セレンゲティの農民たちが，どんな想いでゾウへの憎しみを語っていたのか，ようやく本当の意味で理解できたと感じた。

　猟師への尊敬と憧れ，そして，憎いイノシシを獲りたい，という動機が重なり，狩猟免許を取得して猟師の修行を始めることにした。そんなところにワボプロを新規事業として開始するタイミングも重なった。自分が猟師の修行をするのに，自分だ

けではなく学生も一緒に巻き込もう。みんなで猟師になったら，さらに獣害問題に貢献できるに違いない。そう考えて，狩り部をスタートした。

3 狩り部の活動

3-1 体験主義の学びと成長

　早稲田大学平山郁夫記念ボランティアセンター（以下，WAVOC）の教育方針は「体験から学ぶ」である。五感を使って現場で体験したことを大切にし，そこから学生が気づいたことを次の学びと成長へつなげていくのが，われわれ WAVOC の役割である。私がこの理念に共感しているのは，自分自身もそうやって育ってきたからだ。私を突き動かしてきたのは，本に書かれていたことや教室で聞いた話ではなく，いつも現場で自分が見聞きし経験したことだった。体験することで，どこか「他人事」だったことが「自分事」に変わっていったのだ。

　狩り部の活動でも，学生たちにそんな体験と気づきを得てほしいと考えている。なかでも，私が一番学生に感じてほしいことは，「自然の強さ」「自然のどうしようもなさ」である。近年の早稲田大学生は，7割が首都圏出身である。農業はほとんど経験がなく，自然との関わりも少ない。エアコンのスイッチを入れて温度調節ができるように，トレイの水を流せば汚物が消えてなくなるように，獣害問題もなんとかできると考えている学生が多い。ところが，野生動物は自然の一部である。その動物を「保護する」とか「増え過ぎたから減らす」とかは，現場の住民レベルでできることではないのである。地震，津波，噴火，異常気象といった自然災害を予見したり防止したりするのが難しいように，野生動物に関しても，人間がすべて管理できる対象ではない。つまり，狩り部では「狩猟を通して獣害問題に貢献する」という目標を掲げているが，実際には「害獣を獲ろうとしても，そう簡単にできるものではない」ということを体験してほしいのである。野生動物の強さ，賢さ，危険さ，「人間はとうていかなわない」といった感覚を，狩猟を通して体験してほしいのである。

　このようにいうと，「はじめから不可能な目標を掲げている活動なのか？」と思われてしまうかもしれない。しかし，そうではない。その実感こそが，狩り部で感じてほしい「当事者意識」であり，「自分事になる」ということである。この感覚にもとづいて，改めて「狩猟を通して獣害問題に貢献する」という目標を眺めたとき，地に足の着いた「できること」がみえてくるのである。

以上が私の狩り部メンバーへの期待だが，果たしてそうなっているだろうか。私のこの2年間の働きかけとその結果を本章ではみていきたい。

■ 3-2 活動の概要

狩り部は，現在22名が所属している（学部生14名，大学院生3名，社会人5名）。入部動機は，私のように「動物が好きで狩猟に関心がある」メンバーもいれば，ほかにも「食・命・生死への関心」（自分が食べている肉がどこからきて，どうやって作られているかを，きちんと見つめ直したい）や，「地方創生・農業への関心」（全国の農村で課題になっている獣害をなんとかしたい）という学生も多い。社会人メンバーには，いずれは農村で生活したいと考えていて，その準備として入部した人もいる。

活動内容は，1年目は試行錯誤だったが，2年目の2018年は方向性がみえてきた。大きくは，①現場での獣害対策，②大学周辺での啓発の二つの活動を実施している（表3-1）。

実際に獣害が起こっている現場での活動は，主に千葉県鴨川市で実施している。この地域でも多くの日本の農村と同様に，この20年ほどでイノシシとシカが急増して農作物被害を出しており，ただでさえ採算の悪い農業生産性をさらに悪化させている。

獣害対策においては三つの対策を総合的に実施することが必要となる。すなわち①誘因除去（野生動物の食糧となるものを除去），②農地への接近防止（防護柵の設置など），③個体数管理（加害動物の駆除）である（農林水産省鳥獣被害対策基盤支援委員会 2014）。狩り部は，主に「③個体数管理」に関して，被害農家さんをお手伝いしてい

表3-1 2018年度の活動

	実施した活動	主な目的
①現場での獣害対策活動（千葉県鴨川市，山梨県丹波山村）	罠の制作・修理	狩猟技術の向上 現地への直接的貢献
	罠の設置・見回り	
	解体	
	草刈り	
②大学周辺での啓発活動	油そば店とジビエメニュー開発・販売	広報啓発
	早稲田祭出展	
	全国大学生狩猟サミット	ネットワーク拡大
	料理会	ジビエメニュー開発

図 3-1 箱罠設置の手伝い

図 3-2 くくり罠設置の手伝い

図 3-3 50kg のイノシシを運び出す

図 3-4 解体に挑戦

る。

　具体的には，まだ猟師のスタートラインにも立っていないメンバーばかりなので，まずは，地元の猟師さんに指導してもらって，罠（くくり罠，箱罠）の設置方法と，獲れた獲物の解体という，狩猟のわかりやすい作業から学び始めている（「狩猟」として一般にイメージされる銃を使った猟は，リスクが罠よりも高く，費用もかかるため，まずは大学生が実践しやすい罠猟に取り組んでいる）。現在は，被害農家さんと地元猟師さんと連携して，10 個のくくり罠と 2 台の箱罠の管理を手伝っている。2018 年は 1 年間で，イノシシ 15 頭，タヌキ 3 頭がこれらの罠にかかった。農家さんからは，「このごろ，イノシシが来なくなった」と言っていただき，一定の獣害対策になることができている。

　また，猟師の増加に向けての長期的な貢献活動として，まずは自分たちのまわりにいる都市部の大学生に関心をもってもらう活動を行なっている。「狩猟・猟師・

獣害への理解のすそ野を広げる」活動である。2018年度は，油そば店麺爺さんと協力して，ジビエ油そばを開発したところ，早稲田大学界隈で大きなブームとなって1,200食を販売した。毎年11月に行われる学園祭の早稲田祭では，2日間で400名が来場した。多くの人たちから，「イノシシ肉なんて臭いかと思ったらおいしい！」「狩猟ってこうやってやるんだ」「こんな問題があるなんて知らなかった」といった反応をもらい，獣害問題と狩り部の活動を知ってもらう機会を作ることができた。

4 獣害と出会う

狩り部の活動を通してメンバーは，驚き，何かを発見し，そしてそこから考えだす。その人のバックグラウンドや感性によって，気づきは多様だが，この2年間の活動から，ある程度共通して学生が語る気づきもみえてきた。ここでは，代表的な二つの気づき，①猟師の技能の奥深さ，②獣害の深刻さ，を紹介する。

■4-1 「猟師」の技能の奥深さ：命と命のやりとり

狩猟，すなわち動物を捕獲して命を奪うことは，簡単なことではない。いや，それどころか，猟師も動物も自分の命をかけた真剣勝負，命と命のやりとりである。指導してもらっている猟師さん（猟歴40年）は，罠にかかったイノシシにとどめを刺そうとしたところ，イノシシが突進してきて間一髪で仕留めた経験が何度もある。自分の上にのしかかってきたイノシシを下から撃ったこと，なんとか撃ったものの，一歩あとずさりしたら崖になっていて，そのまま滑り落ちてしまったこと，イノシシに長靴を噛みつかれて，仲間の猟師さんが撃って助けてくれたこと，など，危機一髪のエピソードは後を絶たない。連れていった猟犬がイノシシの牙で殺されてしまったことも何度もある。狩猟は，それだけ危険を伴った活動なのである。このことに，学生は現場で気がついていく。

> 猟師さんと山を歩くなかで，足下も安定しないなかすいすいと山中を進み，鹿の足跡や糞，その他の動物の特徴など，なかなか見分けることができそうもないポイントまで猟師の方々は気づくことができていて感動した。「狩猟歴10年はまだ初心者」という言葉に，体力だけでなく経験値や知識など，猟師になるにはさまざまな要素が必要なのだと思い，尊敬の念を抱いた。（1年女子）

猟師さんと自然との関係を今まで誤って認識していたことに気がついた。僕が鴨川に行く前にもっていた猟師と自然の関係に対するイメージは、「味方と敵」といった、相手を圧倒しようとするイメージだった。しかし実際は、確かに害獣を捕えることは目標だが、猟師の佐藤さんは自然の力を認め、その力に自分の技で対処していく、というスタンスをもっているように感じた。特に印象に残っているのは、佐藤さんの「人間と動物の化かし合い」という言葉であった。佐藤さんの知恵と経験をどんなにいかして罠をかけても、少しの異変があれば動物は気づく。さらに、運が悪く罠が外れる可能性もあり、下手をすればこちらもやられかねない。危険な世界に生きる「猟師」という職業が、簡単なものではないことを改めて感じた。当然、新人猟師が一人でいきなり森へ入って猟をすることはたいへん難しく、「教科書を渡せばすむわけではない」という意見はもっともだと感じた。（1年男子）

　狩猟という行為は、強い人間が弱い動物を簡単に捕獲する、とイメージされがちだ。しかし現実の猟は、そんなに甘いものではない。それを学生たちも、現場で五感で学んだのである。この感覚は、私が口で話して伝えたのでは伝わりきらない「実感」である。

■4-2　「獣害」の想像以上の深刻さ

　現在の早稲田大学の学生で、農業の体験のある人はかなり少ない。自分で体験があったり、実家や祖父母が農業をやっていたりする人は、授業でのざっとしたアンケートからは10％ぐらいだ。残りの90％の学生は、農業を体験したことはなく、現場の「リアルな」たいへんさはわからないし、想像することもできない。そのため、「獣害問題」に対しても、「農家の人は被害を受けて困っているだろう」と理解しつつも、「ちょっとがんばればなんとかなる問題」「大学生の自分がお手伝いして改善できるだろう」と考える人は多い。

　狩り部にも、同様なイメージをもってやってくる学生はいる。実際に、農家の方の話を聞き、獣害対策としての草刈りや防護柵の設置を手伝ってみて、学生は何を感じただろうか。

獣害といっても、大して深刻な問題ではないだろうと甘くみていた。実際に被害にあっている現地の方のお話を聞いて、自分の見解のあさはかさに気がつい

た。(2年女子)

　草刈りは,「簡単」なことであるし,獣害対策における効果は高い。しかし,体力を消耗する作業である。ふだん,こんなに大規模な草刈りをすることはないため,今日の草刈りは,半ばイベントチックな心持ちで楽しむことができた。それでも,久しぶりの腰痛,手のまめの出現に途中で音を上げそうになった。こうした作業を年中されている農家のみなさんの「強さ」,農家の方々が作ってくれた作物をただ消費することしかできない自分の「ひ弱さ」を改めて感じた。まずは体力をつけたいと思う。今回の草刈りが,少しでも効果を発揮してくれることを願っている。(4年女子)

　活動では,「農家さんの害獣に対する悔しくやるせない想いを,直接農家さんから聞く」「農家さんがやっている獣害対策を,自分も体を動かしてやってみる」という内容にしている。お話を聞き,そして自分でやってみると,頭で想像していたよりも農家さんの深い怒りや悲しみが伝わり,同時に,肉体的に重労働であることが「実感として」理解できる。それゆえに獣害を受けることが,農家さんに精神的にも経済的にも大きなダメージとなることも理解できるようになるのだ。

■ 4-3　当事者の声を学生に伝える

　学生が「猟師の技能の奥深さ」や「獣害の深刻さ」に気づくように,私は現地の状況を入念に調査して計画を立てている。というのも,獣害被害にあう農家さんの痛みや,地域が抱える構造的な課題,猟師さんと動物の関係性,狩猟の危険などは,「現場に行けばわかる」というほど単純なものではない。普通の人は,初対面の人に自分の悩みを打ち明けたりしない。自分の住んでいる地域のネガティブな側面をわざわざ言ったりしない。しかし,それを伝えてもらわなければ,学生は課題に気づかず,観光客のように「景色がきれいで自然が豊かで,コミュニティはなかがよくて,いいところ」とだけ感じてしまう。

　限られた現地活動の時間で,人びとの抱える課題,葛藤,そして同時にその地域で生きる喜びを感じ取ってほしい,現場にいるからこそ,見る,聞く,触る,嗅ぐ,味わう,の五感をフルに使って頭にも心にも焼きつけてほしい,そのような,当事者との深い関わりは,その後のボランティア活動を継続するモチベーションになるので,学生に絶対に経験してほしい,と思うのだ。

そのためには，どなたにどんな話を学生にしてもらうか，事前に私が話をうかがいに行ってリサーチする。狩り部の現地活動の場には，主な関係者として，被害農家・猟師・地域リーダー・移住者リーダーなどの方々がいる。お話が上手でわかりやすい方もいれば，聞き取りにくいけれど核心を突く心に残るフレーズを語る方もいる。どの方にどんなストーリーを語ってもらえるかを把握し，そのうえで，私が学生の学びに効果的な要素を組み立てて，現地活動のなかに配置していくのである。

　たとえば，2018年5月の活動では，被害にあっている農家の山本さんの田畑を見て，お話を聞くことにした。獣害の実情の話を聞く時間は，1時間ほどしかとれない。残りは，獣害対策としての草刈りを体験する時間にしたかった。この限られた時間に，農家さんのイノシシへの想いを学生に感じとってもらうために，複数の地域関係者のなかから山本さんにお願いした。事前の打ち合わせから，山本さんが獣や地域に対して複雑な想いを抱えていることを知っていたからだ。

　山本さんは移住者で，必死になって地域にとけ込み，放棄された田畑を借り受けて農業をしている。そこに侵入してくる害獣に対して，もちろん憎いし駆除したいと思っているが，同時に，獣たちの必死に生きようとする姿に，じつは共感する気持ちもある。「やつらも必死なんすよね」。そのような想いが学生に伝わるように，事前に山本さんにお願いしておく。「獣害が，農家にとってどんなにショックなことか，伝えてください」「学生を連れてきたらイノシシに対する質問をするので，今のような内容を語ってもらえませんか」といった形だ。

　また別の活動のときには，害獣侵入防止柵の設置と管理について学ばせてもらうことにした。山本さんの集落では，「集落で設置した電気柵が機能しなかった」という失敗経験があった。そのような事例は，この地域にかかわらず，全国あちこちで起こっている課題なので，何が阻害要因なのか，山本さんの集落の事例から学ばせてもらいたいと考えた。実際のところ，失敗の背景には，電気柵の管理に関する情報不足，集落の人びととの事前の勉強不足，集落内の連携の弱さなどがあった。連携の弱さとは，高齢化や後継者不足のみならず，地主が町に出てしまった息子で父親の死後は管理を放棄している（不在地主），すでに農業をやめているから電気柵管理に協力してくれない，などの問題もあった。このような状況について山本さんは，自分の情報収集が足りなかった，自分が悪かった，と思っている部分もある。また，集落の協力体制が弱い話になると，集落の誰かを非難しているように聞こえてしまうかもしれない，という不安がある。山本さんは，そんなことはしたくないし，「非難した」と誰かに受け取られることで問題が生じる心配も感じていた。

そこで私は事前打ち合わせの際に,「集落柵が失敗するのはこの地域だけでなく,よくある共通課題である」ということを私は知っているし,学生にも伝えておくことを山本さんに伝えた。これにより,山本さん自身や集落の落ち度ではないと理解していることを伝えて,安心してもらうようにした。また,集落の協力体制の話については,個人が特定されない形で,話せる範囲のお話で構わないことを伝えた。
　このような準備をしたうえで,山本さんの口から集落電気柵を解説してもらい,期待,失望,やるせなさ,どうしようもなさ,などの多様な想いを学生に感じ取ってもらった。そして学生に対しては,山本さんのお話を聞いた後の別の時間に,注意事項として集落内の関係が繊細であること,「なかよく助け合う」「農村ユートピア」ではないこと,その関係性を想像しながら言動するよう注意を促したのだった。
　こうした,関係者への事前の準備とその後のフォローアップは,体験的プログラムにおいて体験の質を決定する最大の要因である。準備では,ここに時間をかけることが必要なのである。

5　ふり返りと発表

　「学生の気づき」を引き出すための教員による働きかけは,前節で紹介した関係者への事前準備の他にも多岐にわたる。活動中はもちろん,その前後でも工夫をこらしているし,チーム全体に対して働きかける場合もあれば,学生個人に働きかける場合もある。本書の「はじめに」で紹介している多様なアプローチは,一通りおこなっている。そのなかでも,私がとくに力を入れている工夫は,①活動直後のふり返り,②発表の機会づくり,の2点である。

■5-1　活動直後のふり返り

　現地活動では,1日のおわりに「ふり返り」の時間を設けている。各人がその日に自分が何を学んだのか,何に気づいたのかを言語化して他者に説明することで,自分が感じ考えたことを自覚できる。そして,何が疑問として残っているのか,自分はどうしたいのか,についても明確になり,翌日にそれを意識しながら能動的に活動したり質問したりするようになる効果がある。
　このとき,私がいつも使っている質問は「今日1日のなかで一番印象的だったことを一つ取り上げて発表せよ」である。多くの場合,ふり返り全体の時間は1時間程度しかとれない。そこで全員が話し,ある程度は深める時間もとるとなると,取

り上げられるトピックは一人につき一つに限られてくる。そして，この「印象に残ったこと」というお題は，おもしろいほど人によって違うのだ。学生たちはその日1日，一緒に行動して，同じものを見て体験したにもかかわらず，「印象に残ったこと」で取り上げることはばらける。そこには，その人の個性が現れる。関心のもち方や，これまでの生育環境，価値観が反映されている。そのような，自分と異なる視点，価値観に接することで，自分だけでは気づかなかった視点を獲得する時間となるのである。これこそグループで活動する醍醐味，学びが深まる相乗効果である。せっかくグループで活動するからには，「ふり返り」としてこの共有時間をとらなければ意味がない。

　第4節で学生たちが記載している内容は，この「活動直後のふり返り」で発表され，ほかの学生や私と，短時間ではあるが議論したうえでまとめられた感想文の記述である。一人ひとりにじっくり時間をとることはできないものの，短時間でも議論があることは，まったくないのと比べれば内容の深みが大きく違うのである。

　長期的には，この「印象に残ったことをふり返る」思考パターンが身について，本人が自分一人でも心のなかで行えるようになることを促している。そうすれば，常に「体験→ふり返り→深めて向上する」のスパイラルが続くことになり，自力で成長していく力になる。

■ 5-2　発表の機会づくり

　活動直後に行うグループでの比較的短時間のふり返りとは別に，学生とじっくりマンツーマンで行うふり返りもある。これについては，すでに決まっている学生の発表イベントの準備として実施している。

　学生に「ふり返りなさい。それによって体験がより意味のあるものになって，自分の成長になるよ」と言うだけでは，実行しない。学生はとにかく忙しい。授業はもちろんバイトやサークル，恋愛など，やることがたくさんあって，すぐに忘れて次のことに意識が移ってしまう。つまり，せっかくの経験を垂れ流してしまう。

　あるいは，一人でがんばってふり返ってみても，堂々巡りに陥ってしまって「わからない，難しい」と思考停止してあきらめてしまうこともよくある。行き詰まったときには，教員が問いかけながら，何がその学生のひっかかりになっているのか，なぜひっかかるのか，そこからどうしたいのか，などを解きほぐしていくと，停滞していた思考が再び動きだし深まっていく。しかし，このマンツーマンふり返りは時間を要するため，全員に丁寧に行うのは難しい。そこで私は，「発表する機会を作

る」ことによって，発表担当になった学生と発表の準備のために，密な議論をするふり返りを行なっている。

「自分の体験を考察して発表する」ことは，学生にとって，ふり返りをするモチベーションになる。「自分の成長のため」という動機では，結果や成果がみえにくいので後回しにしてしまう。しかし，「発表で聞いてくれる対象がいる」となると，よい内容を発表したいので，ふり返りへのモチベーションが高まる。また，「発表日」という締切が設定されることにも意味がある。「ふり返り」に終わりはない。やろうと思えば，どこまでもいつまでもできる（だから堂々巡りに陥る学生がいる）。そこに「発表日」という締切が設定されれば，とにかくそこまでにまとめなければならない。学生は集中して考え，そしてどこかで区切りをつけて，発表を形にしていく。これは，研究者が学術論文を書くことに似ていると私は考えている。研究もきりがない。データはたくさんあるに越したことはない。しかし，どこかで区切って発表しなければ，研究成果が世に知られることもなく，何もしていないのと同じになってしまう。

ここでは，学生の発表事例として岩瀬詩由（早稲田大学大学院環境エネルギー研究科修士2年，以下シヨリ）を取り上げたい。シヨリは，2019年1月のシンポジウムで狩り部代表として発表することになった。内容としては，狩猟に対して批判的な意見に関して考察を深めて発表することにした。動物を殺したくない立場の方々からは，狩猟は「命を軽んじている」「残酷だ」といった意見が出てくる。狩り部に入ってくるメンバーたちは，このような批判に違和感を感じつつも，自分のなかにも批判に共感する部分があったり，うしろめたく感じたりもしている。また，「自分は正しいことをしている」と思っていても，異なる意見をもつ相手にどう説明したらいいか，わからなかったりする。シヨリは，この批判に向き合い，自分の立場を模索した。

> 意気揚々と気合を入れて狩り部の活動に臨んでいた私ですが，なんと，ある人物から猛反対されます。それは，動物愛護家の母です。一番身近な人から，「動物を殺す子になんてならないで‼」と言われてしまいました。私にとって「正義」とまではいいませんが，「いいこと」だと思っていた狩猟を，「悪」だとして反対されたことは，私にとっては衝撃的な体験でした。
> もちろん，私も動物好きなので，動物の殺生には未だに抵抗があります。ですから，母の言い分や気持ちもたいへんわかりました。そこで，母と議論を重ねた結果，それぞれがどのような立場や価値観なのかが明らかになりました。

> まず、「動物」と一言でいっても、「野生動物」や「愛玩動物」などさまざまです。そして、里山では「野生動物」との接触が多く、イノシシやクマでは命を落とす危険性もあります。そのため、里山的価値観であると「動物はこわい」となることが多いのではないでしょうか。
>
> 一方で、都会でイノシシやクマに遭遇することはほとんどありません。それよりも、イヌやネコといった「愛玩動物」と接する機会の方が多いと思います。そのため都会では「動物はかわいい」というイメージになりやすいのではないでしょうか。
>
> さらに、生命倫理的な価値観の相違も浮き彫りになりました。それは生態系や生物多様性といった「種」の命か、目の前にいる現在の「個体」の命か、どちらに重きをおくかです。
>
> このように、立場や価値観は異なることが明らかになりましたが、絶対的な正しさはないことを感じました。しかし、その上で「自分がなぜその立場や価値観で、なぜ活動しているのか」ということを母に説明したところ、今では、母は私の活動を見守ってくれています。（シヨリ：2019年1月ワボプロシンポジウム）

以下では、この発表に至るまで、私がシヨリにどのような働きかけをしたかを紹介しよう。発表準備を始めたとき、シヨリはまだ、母や動物愛護の立場の方に説得力をもった説明ができない状態だった。準備のためのマンツーマンのふり返りで、私はその時点での彼女の思考を聞き取ってメモし、あいまいな点、矛盾している点、まだ語っていない点などを質問して引き出していった。「なぜ獣害問題を深刻だと捉えるようになったの？」「なぜ野生動物は殺してはダメなのに、家畜はいいの？」「現時点での動物と人間の共生の理想型ってどう考えているの？」などである。そして、シヨリの思考がひっかかっているポイントが、ペット（イヌ、ネコ）、家畜、害獣（イノシシ、シカ）などが「動物」としてひとまとめにされてしまっている点であることがみえてきた。そこで野生動物管理学や動物倫理学の分野から、思考の整理になる考え方と参考文献を紹介した。そのなかに「愛玩動物」と「野生動物」を区別する考え方があった（寺本 2018）。私自身も、その二つの「動物」を区別して考えると、「ネコは殺処分ゼロをめざそう」「イノシシは駆除して頭数を半減させよう」など、動物種ごとに異なる目標設定がされる理由を説明しやすいと考えていたので紹介したのだ。

　このとき、私の助言が「答え」「正解」と受け取られないように、十分注意した。

私は，タンザニアのゾウ獣害問題も含めれば，15年ほど獣害問題に取り組んでいる。私には私の「動物と人間の共生」のイメージや，私にとっての理想型がある。しかし，これは決して「唯一の正解」ではない。私が専門とする環境社会学は，このような「環境をめぐる価値観の衝突」の現場を分析する学問である。一方の価値観を否定し非難することは，ある意味，簡単である。しかし，そうではなくて，それぞれの立場とそこで展開される論理を分析し，合意形成の道を探るのが環境社会学のアクションリサーチ的研究手法である。ショリにも，「一つの正義」をおしつけるのではなく，「多元的な価値」（宮内 2013）が存在するのが現実社会であると認識するよう促した。

6 ある学生の気づきと学び

第5節で紹介した学生ショリは，じつは私と4年にわたる長期的な関わりがある。この間のショリの変容を追いながら，そこでの学生の気づきを促す私の工夫をさらに紹介しよう。

■6-1 タンザニアで体験した恐怖
1）ハイエナのすぐそばで

ショリは，母が動物愛護家のため，捨てられていたイヌやネコを保護して飼うのがあたりまえの家庭で育った。常に複数種の動物を家で飼っていた。多いときにはイヌ1匹，ネコ9匹，ヨウム1羽，セキセイインコ8羽，カメ2匹，ウサギ1羽の世話をしていた。「動物の命を守りたい，救いたい」というショリの想いは，そのような生育環境のなかで身についていた。大学進学の際は，動物についてもっと学びたいと，早稲田大学教育学部生物学専修で生物学を学ぶことを選んだ。しかし，このコースには哺乳類を研究する教員はおらず，ショリはさらなる学びの機会を求めていた。

そして大学2年生のときに，私の講義型科目「環境とボランティア」（履修生200人）を履修した。そこで「獣害問題」があることを知り，「自分の大好きな動物と共生できていない状態があるなんて知らなかった！」と衝撃を受けた。

ショリは，この問題についてもっと知りたいと，翌年3年生時に，私の実習型科目「アフリカゾウとの共生を実践するボランティア」（履修生8人）を履修した。ここで，私が意図している「自然の強さ」「自然のどうしようもなさ」を体験するこ

ととなった。それは，2週間のタンザニア実習のなかで，セレンゲティ国立公園のなかの施設に宿泊したときの出来事だった。タンザニア人用のローカルな食堂で夕食をとった後，外に出ると，食堂の暗い照明の向こうにハイエナがたたずんでいた。食堂の敷地は，外国人用ホテルに比べれば照明が暗く人も少ないため，国立公園に生息する野生動物が建物のすぐそばまでくる。彼女とハイエナの間には，動物園のような檻や柵はない。ハイエナが本気になりさえすれば，簡単に彼女を襲える状況だった。

「怖い」。その感情はショリが動物に対して初めて感じた感情だった。それまでのショリにとって，動物は「人間より弱い存在」だった。だから「保護すべき対象」として守り世話してきた。しかし，国立公園のなかで，柵のない状態でハイエナと対峙したとき，「殺されるかも」と恐怖を感じ，同時に「これが本来の「動物と人間の共生」なんだ」ということを実感した。つまり「野生動物との共生」とは，「お手てをつないでなかよくしましょう」というものではない。じつは，自然の力は強く，「共生」すなわち自然に近く接して生きるとき，「人間のほうが弱く，死に至る場合もある」ことを理解したのである。都市で暮らす日本の大学生にとっては，日本では経験することのできない「恐怖」だった。

そして，この経験の後に，村でゾウを追い払う活動をしているNGOリーダーのダミアンと話した。「どうしたらゾウと共生できると思いますか？」と聞くと，ダミアンの答えは「壁を作る」だった。これもまた大きな衝撃だった。「お手てをつないでなかよく暮らす」とはまったく異なる「共生」があることを，再び目の当たりにした。しかし，ハイエナと対峙した後では，ダミアンの「共生」もすんなりと受け入れて「距離をとった共生」というあり方も必要だと思えた。

2）「自然は強い」

「自然は強い」と感じてもらうのは，私のプログラムにおいて重要な要素である。それを伝えるために，私はさまざまな方法を用いている。教室で説明するときには，なるべくインパクトのある動画を選んで見せたり，現場の様子が臨場感をもって伝わるように言葉を選んだりしている。そして，現場でも，現地の方から説明してもらい，その現場に自分の足で立つ機会を作っている。しかし，難しいのは，野生動物（それも危険な）に，その場に行ったからといって必ず会えるわけではない点である。野生動物なので，いつ，どこで遭遇できるかは，人間が完全に管理することはできず，最終的には運に委ねるしかない。

また，タンザニアのプログラムでは，アフリカゾウがターゲット動物で，私は学生がゾウのこわさを感じる機会を作る努力をしている。しかし一方で，本当にゾウに襲われて死傷するようなことは起こってはならない。そうすると，「安全な車のなかからゾウを見る」という形になる。それでゾウに恐怖を感じるかどうかは，そのときの接近距離や，ゾウの行動，学生の感性によっており，「ゾウが恐い」と実感できる学生もいるが，そうでない学生もいる。シヨリが，車も柵もない同じ地面の上でハイエナと至近距離で遭遇したことは，幸運であり貴重な経験だったのだ。ハイエナとの偶然の遭遇は，私が意図して経験させることは難しい。とはいえ，宿泊先を「国立公園の中のタンザニア人向け施設」に選択していることは，動物との遭遇機会を高めるための私の工夫なのである。外国人観光客用の豪華ホテルに泊まっていては，絶対にできない体験である。ただ，この選択をするときにも，費用（公園内施設は高額）とリスク（「安全に恐怖を感じる」という矛盾）を検討し悩みながら選択し，プログラムを作ったのだった。

■6-2　狩り部でめばえた当事者意識

　獣害問題を知り，「共生」が想像していたような単純なものではないことを体験したシヨリは，より理論的に学ぶために大学院に進学することにした。また同時に，現実に実践的に働きかけることもしたいと狩り部に入った（2018年4月）。「獣害」という「共生できていない状態」は，つまり自分の大好きな動物を憎む人がいる状態である。それは動物好きなシヨリにとっては辛いことで，憎まなくてもよい状態になるようにしたい，と考えた。このとき，彼女の「共生」イメージは「動物 vs 人間」であり，「動物と人間の関係性を改善すること」だった。

　狩り部に入って初めて解体を経験したとき，「とうとう自分でもやった」と感じた。動物が好きで守る側にいたが，殺める側になった（正確には，殺めるところは猟師さんが実施しており，その後の解体をしただけだが）。それは，少しの罪悪感は残るものの，必要なことだと納得できていた。殺めることも共生のためには必要なことがある。タンザニアでの経験に加えて，大学院に入ってから，日本の獣害対策について調べていくなかで「野生動物管理」という考え方を知ったことも影響していた。そのなかでは，加害個体を駆除することや個体数を調整することが，「共生に必要な手段」という認識が前提とされていた。それは，シヨリの罪悪感を薄れさせる助けとなった。

　このように，シヨリは，獣害対策として駆除や個体数管理といった致死的な方法

を実践する当事者となり，それに対する学術的裏付けも獲得していったのである。

■ 6-3 「共生」の模索

狩り部に入って数ヶ月たってから，シヨリは，狩猟を批判する意見があることを知った。他大学の狩猟サークルが，動物愛護のなかでも急進的な方々から攻撃を受けていたのだ。そのサークルのSNSサイトを見ると，心ない書き込みが数百あった。「殺戮集団，虐殺，猟奇的サイコパス」「感性が鋭く想像力に富んでいれば，動物の気持ちや痛みに想いを馳せることができると思います」「勉強ばかりして，本当に大切なことは学んでこなかったんだね。ある意味可哀想」などが並んでいた。早稲田大学狩り部をはじめ，どの学生狩猟サークルも，それぞれに真剣な想いをもって取り組んでおり，遊びで狩猟をやっているわけではない。そもそも，動物の命を取ることは，遊びでできるものではない。やるかやられるかの真剣勝負である。それなのに，このような一方的批判がくることに，驚きとともに恐怖を感じた。

シヨリは同時に，この批判をしている人たちは「自分の母だ」とも感じた。動物愛護家である彼女の母もまた，「動物を殺す子になんてならないで!!」と狩り部の活動に反対していた。そして，シヨリ自身も，かつては母と同じそちら側だった。「家畜がいるのに，なぜわざわざ野生動物を狩猟して命を奪う必要があるのか？」と自分も考えていた。シヨリは，板挟みになってしまった。動物愛護家の人たちからも理解を得たい，得られる説明ができるようになりたい。でも，何と言ったらよいのかわからない，そんな状況に陥った。そんなシヨリが2019年1月時点で到達したのが前節で紹介した発表であり，「動物の命に対する価値観に絶対的な正しさはない」という着地点だった。

このような「価値観の対立」の問題は，穏便にのりきる方法もある。「自分とあの人は意見が合わない，だから関わらないようにして，それぞれ別の世界で生きればよい」という「棲み分け」や，あるいは「マイノリティ（少数派や立場が弱い人）が沈黙する（させられる）」という方法だ。しかし，これは対立を避けているだけなので，一時的にはしのげても根本的な解決にはなっていない。では，「避けずに正面から話し合おう」と話し合えば，互いに理解し合えたり，妥協点がみつかるかといえば，そうでもない。むしろ意見の対立が鮮明になって，完全に決裂してしまう場合もある。

しかし，そこであきらめずに対話を試みることができるのは，利害関係が小さい学生の特権だろう。シヨリは，その立場をいかして対話に挑戦し，そして互いを認

める可能性があることを示してくれた。この例では，相手が母という身近な人だったからこそ，ねばり強く対話ができたのかもしれない。このような対話がいつも成立するとは限らない。それでも，対話の先に一定の歩み寄りができることを示してくれたことは，私にとって予想外の成果だった。「互いに理解し納得する」とまではいかないものの，異なる価値観の人びとが「共生」する可能性を示してくれたと感じている。

7 おわりに：正解のない問い

現在シヨリは，「動物と人間の共生」をどう考えるようになったのだろうか。本章を執筆するにあたり，あらためて聞いてみた。

> 「動物との共生」の前に，まず人間同士が共生できていないことが問題だとわかりました。動物を殺すことについて，「殺すことは必要だ」「必要だとしても極力苦しまないようにすべきだ」「致死的な方法はすべてやめるべきだ」など複数の立場があります。また，その背景にある理由も「かわいそう」「人間中心主義」「生態系中心主義」など多様であり，同じ立場であってもその理由は異なります。
> 異なる立場の人たちは，わかりあえる可能性はあると思います。私と母のように。ただ同時に，100％わかりあう必要性はない，とも考えています。それぞれの信念や主義主張を変えることは，かなり難しいことです。
> 私が今，目指したいのは，「理解・共感はできないけれど，批判せずに存在を認める」関係性です。「無視，関わらない」ではありたくないですね。自分のなかでも，まだ分裂している部分は残ってます。命を取るのはかわいそうだと思うし，子イノシシが罠にかかると辛い気持ちになります。とはいえ，身近な人と意見が対立してしまったら，関わらないわけにはいかないですし（母と自分）。互いの違いを，やんわり包み込むことによってまとめられるといいと思っています。（シヨリ：2019 年 4 月）

狩り部に入る以前のシヨリは，「動物と人間の共生」とは，「動物 vs 人間」と考えていた。それが，狩り部での経験から当事者意識をもつようになって，問題は「人間 vs 人間」であることに気がついたことがわかる。対立しているのは「動物」では

なく，意見の異なる人間の集団同士なのである。そのように視点が深まっていったことは，彼女の大きな成長であり，狩り部をやってきた成果だといえるだろう。

　現在のショリに，さらに思考を深めてほしい点が一つある。それは，「人間同士が対立している」となったとき，その集団間には力の差があること，すなわち，マイノリティとマジョリティ，あるいは政治経済力からくる権力関係がある，ということだ。たとえば，動物を殺したくない（個体の命を尊重する）立場の集団は，ネコでは多数派（政策で殺処分を減らす目標），イノシシでは少数派（政策で個体数を半減させる目標），アフリカゾウになると再び多数派（政策で個体数を増加させる目標）となっている。とくにアフリカゾウの場合では，農民の命や生活がゾウによって脅かされているにもかかわらず，ゾウを減らさない政策がとられている。つまり，農民の命よりもゾウの命のほうが重く扱われているのである。人間集団が対等に意見を言い合えるとは限らない，言った意見が尊重されるとは限らない，特定の人びとの命が軽んじられ踏みにじられる現実があることにも目を向けてほしいと思う。そのような事例は，動物に対する対応のみならず，原子力発電所でも沖縄の基地でも，あらゆる政策で起こっていることである。

　とはいえ，「答え」や「正解」をおしつけては意味がない。彼女のもの，にはならない。すでに複数の種はまいているので，引き続き水をやりながら，共に活動し議論しながら，彼女のなかで気づきが芽吹いてくるのを待ちたいと思う。そのときを楽しみにしている。

【参考・引用文献】
寺本憲之（2018）．『鳥獣害問題解決マニュアル――森・里の保全と地域づくり』古今書院
農林水産省鳥獣被害対策基盤支援委員会（2014）．『改訂版 野生鳥獣被害防止マニュアル――イノシシ・シカ・サル実践編』農林水産省〈http://www.maff.go.jp/j/seisan/tyozyu/higai/h_manual/h26_03/pdf/data0_6.pdf（最終確認日：2019年9月27日）〉
宮内泰介［編］（2013）．『なぜ環境保全はうまくいかないのか――現場から考える「順応的ガバナンス」の可能性』新泉社

04 パラリンピックリーダープロジェクト

凸凹に出会う学生たち

兵藤智佳

プロジェクト名称	パラリンピックリーダープロジェクト
取り組む社会課題	障がいとともに生きる社会（社会的包摂）
活動地　海外渡航	千葉，東京，福島など
年間参加費用	5万円程度
活動地での活動時期	毎週1回のミーティング，夏休みの障がい者アスリートとの合宿
活動内容	練習・各種スポーツ大会の支援，啓発映像制作，パラスポーツ観戦企画

1 はじめに：マイノリティを支援するということ

1-1 本章で紹介するプロジェクトについて

　パラリンピックリーダープロジェクト（以下，パラプロ）は，学生が障がい者アスリートの支援を行うボランティアプロジェクトである。筆者は，多様な当事者を支援するボランティア活動を通じて，大学生が「言葉を紡ぎ，意味を見つける力」を育てる教育実践を論じてきた（兵藤 2012）。そこでは，ボランティア体験とその言語化によって社会の現実に対峙し，学生が自己理解や他者理解を深めていく可能性と課題を考察している。パラプロも，学生が障がい者アスリートという当事者を支援する活動という意味においては，これまで実施してきたボランティア活動の延長に位置づく活動である。

　一方で，早稲田ボランティアプロジェクト（以下，ワボプロ）では，複数の教員が個別にもつ専門知や専門性を押し出すことで，大学における課外活動としてのボランティアと教育活動としてのオリジナリティを高めることを目指してきた。さらに，

教育実践研究としては，学生によるボランティア活動とその体験の言語化を通じた教育方法を洗練することが目標である。

そこで，本章では，ワボプロの一つであるパラプロ活動に参加し，教員による専門知の影響を受け，体験を言語化する実践を続けたプロジェクト学生の変容と教員の関わりを考察する。学生の変容について議論するにあたっては，プロジェクトの内容，および，実際の学生による活動として何が行われたかを紹介する。そして，その活動を支える教員による準備やしかけ，具体的な場面における教員の介入や働きかけの方法についても述べていく。

■ 1-2　筆者のこれまでの活動

私は，これまで専門性をもつ活動として，従軍慰安婦，DV 被害者，福島の高校生など，社会的なマイノリティの支援活動を行なってきた。これらの活動の背景には，私自身が，これまで「女性を生きる」「日本人を生きる」など多様なアイデンティティを引き受けるなかで，マジョリティとマイノリティとを線引きする「力」を意識し続けてきたということがある。そして，マイノリティの当事者が支援され，力をもつことは，社会的な既存の構造を変えていく可能性があると感じてきた。その信念を支える専門知という意味では，私には，「マイノリティは，個人が弱いのではなく，個人の意志や力とは無関係に社会の周辺部におかれる人たちであり，社会のなかで構造的に作り出される差別や偏見が存在している」という知の枠組みがある。それは，学術知という意味ではジェンダー研究に強い影響を受けているが，これまでの具体的なマイノリティ問題に関する社会運動を通じて得たものである。体験の言語化に関する信念についても，その背後には，私が DV 被害者による自助グループの活動において，当事者が体験を語ることで，自分の言葉と生きるための力を取り戻す姿を見続けてきた経験がある。

■ 1-3　パラプロの活動

パラプロの活動においても，学生に対しては，ボランティア活動を通じて，マイノリティやマジョリティという二項対立のあり方が社会的な力によって規定されるという構造への気づきを促したいと思ってきた。「障がい者」のステレオタイプが個人に内面化するしくみを批判的に分析し，健常者と障がい者の区分が白黒でなく連続性のあるものだという見方をもってもらうことを目指した。そして，学生には，当事者一人ひとりが力を得ていく可能性は，自分の問題であり，私たちの生きる社

会のあり方につながる，という実感を得てほしいと願った。そうした知的な営みは，学生が「自分とは何者か」という問いに向き合い，自分がマイノリティを作り出す構造にどのように関わっているのか，どのような社会を構成しているのかを考え続ける実践である。

パラプロは学生が主体となるボランティア活動であるが，参加学生は，実際の当事者に対する支援活動や定期ミーティングなどを通じて，常にプロジェクトに深くコミットする教員の知にふれる。そのダイナミクスについては，教員も学生も無意識な部分における関わりもあるが，教員による学生の学びを目指した意識的な介入もある。とくに，体験の言語化については，その方法論にも私の専門性があり，活動発足当初よりパラプロ活動の一部として位置づけてきた。

パラプロは，1年目は9名，2年目は13名の学生という小規模での活動であるが，学生の変容を取り上げるにあたって，本章では，とくに，そのなかの1名の学生に着目する。事例としてもっともミクロな「個人」に焦点をあてることで，「どのような学生がどういった活動をし，どのような働きかけをされたら，どう変わったのか」を紹介したい。

分析のデータについては，事例として取り上げた学生自身が制作した動画のなかでの「語り」やミーティングでの発言記録を手がかりとする。そして，分析では，その学生の「世界が違ってみえるようになる」という言葉に象徴されるような，彼らの知の枠組みや現実の解釈がどう変容していくのか，という点に注目し，大学生によるボランティア活動とその言語化に関する可能性と課題について論じてみたい。

2 障がい者アスリートと私

2-1 車椅子とともに生きるアスリートたち

私にとって障がい者アスリートはこれまでも関心をもち続けていた人びとであった。その理由としては，障がい者アスリートは，「障がい者」でありつつも，突出した身体能力をもつという，一見すると相反する二面性を同時に有しているからである。その存在は，社会のマジョリティが規定する「弱者としての障がい者」という理解と位置づけの枠組みには収まらない。アスリートとして戦う彼らは，「強さ」を競う世界で生きる人びとである。

一方で，彼らは，既存の社会ではマイノリティとして障がいとともに生きる人びとであり，自分の意志ではどうにもならない社会の要因による現実の困難を生きて

いる。それは，障がいをもつ多くの人が生きるために抱える，共通した困難でもあり，社会的なマイノリティをめぐる普遍的な問題にもつながっていく。このような彼らの特殊な立場とスポーツがもつ発信力は，障がい者と健常者といった境界線をあいまいにし，個人に内面化された固定的なステレオタイプを壊す力がある。だからこそ，障がい者アスリートを支援する活動は，構造的マイノリティを作り出す個人の認識の揺さぶりという意味で，既存社会のあり方を変革する可能性があると思ってきた。

また，学生にとっても，「健常者である自分が障がいをもつ当事者を助けたい」という熱意だけでは，スポーツに情熱をもって取り組む障がい者アスリートの支援に限界と混乱をもたらすはずである。しかし学生のなかに生じる迷いや混乱は学びをもたらす契機にもなりえるはずだ。私は，強い人と弱い人という枠組みでは向き合えない現実に学生たちがボランティアを通じて「障がいとは何か」を問う機会を見出していた。

■ 2-2 当事者との関係づくり

このような意識をもってプロジェクトの準備を始めたが，まず最初に取り組んだのが，プロジェクトアドバイザーとなる当事者を探し，信頼関係を築く活動だった。これまで主催してきた学生プロジェクトでも，目的を共有し，信頼できる当事者に深く関わってもらうことがプロジェクトの運営にとって重要な要因であることがわかっていた。

そこで，最初に障がい者スポーツ団体の事務局を統括している日本財団パラリンピックサポートセンターへコンタクトをとり，パラプロ活動の趣旨を説明して紹介されたのが，日本パラ陸上競技連盟の花岡氏であった。彼は，自らもアスリートとして過去にパラリンピックに出場し，現在はコーチとしての立場から障がい者スポーツを実施している専門家でもある。

私が彼との最初の打ち合わせで提案したのが，「当事者である車椅子アスリートたちとボランティア学生による合同合宿計画」である。2020年の東京パラリンピックに向けて，彼もまた社会的な啓発活動に力を入れつつあった，という背景もあり，大学との協働事業として正式にプロジェクトを協働する承諾を得た。とくに，ボランティア活動として障がい者アスリートたちに対するスポーツの支援だけでなく，生活の場面を共有し，ともに障がい問題を考える場を作る点において，花岡氏と活動の意義を共有することができた。

表 4-1　パラプロ年間活動

時期	イベント	内容
6月末～7月上旬	関東パラ陸上競技大会	パラ陸上の観戦やブースを出展する。合宿に向けた初めてのボランティア経験とアスリートに関われる機会になる。
8月	アスリート合同合宿	メンバーとパラアスリートと3日間共同生活を行う。運動会を開催したり障がい問題に真剣に向き合う。
8月～9月	メンバー合宿	合同合宿をふり返り，団体の活動コンセプトを作成する。
11月	早稲田祭	活動コンセプトに沿って，活動を発信する場になる。
12月～1月	成果報告シンポジウム	1年間の活動の成果を発表する。

　ワボプロの教育方法における特徴の一つとして，「学生たちが当事者との深い関わりをもつ」ことがある。そのために教員は，活動のなかで独自に多様なしかけや装置を作る。1年間で行なったパラプロ活動の内容（表4-1）にあるように，パラプロの実施においては，ボランティア活動の準備段階，当事者への支援活動，その後の展開という一連のステージにおけるプロジェクトアドバイザーの深い関与が，その一つの方法である。そこで，最初の打ち合わせでは，花岡氏と私とで，会場や日程などの実務的な関わりだけでなく，「ボランティア学生たちが何を体験することがどういう意味をもつか」「それがアスリートにとってどういう支援になるか」に関して議論する時間をもった。たとえば，ボランティア学生による障がい者の理解ということについて，花岡氏は，打ち合わせの場で，「学生が自分たちのリアルを知るためには，バリアフリーじゃない宿泊施設がいい。バリアフリーだと何が困るかがわからないから」と述べている。

　アスリートたちへの支援という意味では，コーチとしての花岡氏の大学生ボランティアに対する期待は，「車椅子アスリートたちは日々の生活のなかでは競技と練習に意識が集中するがために同じような価値観の人間関係に閉じがちになる。狭い世界だけでなく，障がい者スポーツに関心ある大学生と関係性を築くことは，アスリートたちが一人の障がい者としてどう社会で生きるかをみつめる機会となる。学生との対話を通じて自分をふり返る体験は彼らのアスリートとしての意識や将来のキャリアにもよい影響をもたらすはずだ」というものだった。

3 ボランティア活動の事前準備

■ 3-1 大学生の募集

こうして花岡氏との話し合いを重ねつつ，大学では2017年4月から学生メンバー募集を行なった。ワボプロ活動の学生への広報としては，「2020年の東京パラリンピックに向けて車椅子アスリートに直接関わることができる」「ボランティアを実施するプロセスを通じてボランティアリーダーになる力を目指す」の二つのポイントを前面に押し出した。あえて，「障がい者支援」を強くアピールしなかったのは，障がい問題に強い興味をもっていない学生に積極的に参加してもらいたいという意図があったからだ。ボランティアの広がりという意味で，最初はさほどマイノリティ問題に関心のない層への働きかけに挑戦したいという想いである。

パラプロに最初に集まった学生は9名で，全員が高校や大学でスポーツをしていた経験をもつ学生たちであった。彼らのなかには，ボランティアへの興味，関心のある学生もいたが，それまでに障がい者問題に積極的に取り組んだ経験をもつ者は一人もいなかった。

そして，メンバーの学生たちは，4月より，8月の合同合宿に向けてチームづくりと事前準備を始めることになった。ミーティングは1週間に1回の定期で開催され，主として学生リーダーが「ミーティングで話し合う事柄」を決定していった。4か月で実施したのは，①チーム内でのメンバーの役割決め，②障がい者スポーツ理解のための事前学習と企画参加，③8月の合同合宿の内容決めと役割分担，の三つである。

■ 3-2 ショウタのリアル

そのなかで，今回，分析の対象として取り上げる学生は，ショウタ（仮名）という男子学生である。彼は，2017年4月のプロジェクト発足時に3年生であり，プロジェクトの最初からメンバーとして参加している。高校生のときは野球部のピッチャー。1年生のときにはダンスサークルに参加し，2年生のときにアメリカ留学をした経験がある。「ボランティアって何も見返りがないからやらない。でも，パラリンピックでなんか大きなことに挑戦できて，リーダー育成というから，自分が成長できるような気がしたので参加した」というのが活動の動機である。飲み会が大好きで，これまで自分の身近に障がい者がいた背景はなく，社会貢献やボランティアへの意識も高くなかった学生である。活動する多くの学生がそうであるように，彼

が参加を希望してきた動機には，大学生活は毎日それなりに楽しいけど，「自分はこのままでいいのか。何かをちゃんとやって成長したい」という漠然とした不安と期待があった。

障がい者について，これまで自分なりにその意味を考えたり，授業等で学んだ経験もなく，漠然と「いろいろなことができない人たち」というイメージをもっていた。パラプロ参加を希望したときの「障がいをもっている人たちってどういう人たちだと思う」という私の問いかけには，「会話しづらい人たち」と答えている。このように硬直したステレオタイプのイメージを内面化してはいたものの，ショウタは，自分は障がい者に対して差別や偏見の意識はないと思っていたし，「差別や偏見はいけないことだ」という規範意識があった。

一般的にマイノリティ問題に敏感な学生のなかには，「障がいを過度に意識し，相手を傷つけないように，差別しないよう配慮するあまりどう接していいかわからなくなる」という例が多い。活動に参加した当初のショウタは，そういう学生ではなく，当事者である相手が，自分の行動や言葉をどう感じるかを当事者の立場から想像する意識はあまりなかった。しかし，誰か困っている人のために自分ができることは全力でやりたいというやる気や情熱が確かにある。ボランティアでも，アスリートたちとたくさん話して，関係を築きたいという前向きな気持ちがあった。

そういうショウタは，チームでは渉外を担当するメンバーとなり，5月から7月にかけては，関東パラ陸上選手権で競技用車椅子体験会を主催したり，市民団体主催の表参道で車椅子に乗る企画に参加した。また，8月の共同合宿に向けては，学生と車椅子アスリートの交流会企画の立案を行なった。

4 車椅子アスリートとの共同合宿

4-1 車椅子アスリートと生活する

そのなかで迎えたのが，パラプロ活動の主となる車椅子アスリートとの2泊3日の合宿である。千葉県の陸上競技場と近隣の旅館で実施され，学生とアスリートが3日間寝食を共にした。アスリートは6名，学生は9名が参加した。学生たちにとっては支援活動を通じて，アスリートとしての当事者だけではなく，食べる，眠るなど，障がいと共に生きる当事者と，日常の生活を実際に共にする時間であった。

学生たちが4月からのミーティングで練り込んできたボランティア活動の内容は，①アスリートの練習サポート，②アスリートと学生による合同運動会の開催，③障

図4-1 学生たちも車椅子体験

がい者問題についてのワークショップの協働開催、の三つである。

まずは初日、競技場での練習サポートだが、ショウタにとっては、アスリートたちの身体に対する驚きととまどいからのスタートであった。車椅子に乗って会場にやってくるアスリートたちは、脊髄損傷で下半身が動かない人が多く、筋肉が弱るために下肢が非常に細い。しかし、車椅子の車輪を漕ぐ上半身と両腕は日々鍛えられた筋肉の塊であり、その身体が「障がい者＝弱い人」というイメージを壊す。そして、アスリートたちが操作するレーサーと呼ばれる競技用車椅子は、生活の補助具ではなく「マシン」であり、彼らが自らの力で出す時速35kmのスピードは学生たちが走るよりも速い。

そのときの驚きをショウタは、動画で以下のように語っている。

> 本当にびっくり。見事にタンクトップが似合う、ムキムキ。自分たちで何でもできちゃうんだな……。それで実際にアスリートと競争したら、彼らの方が早い……。「障がい者」っていままでいろんなことができない人たちのイメージだったのに……。そんな印象が壊れた時間だった。自分よりかっこいいじゃんか。(制作動画：2019年)

合宿では、こうしたアスリートの肉体の強さをみる一方、24時間一緒にいることで、障がい者の日常生活を知る時間ともなった。とくに、ショウタには、宿舎でアスリートと一緒に入ったお風呂が印象的だった。アスリートたちは、脱衣所から車椅子に乗ったままお風呂場に入り、洗い場では地べたにいったん降りて、自分で身体を洗う。そして、再び車椅子に乗って脱衣所に移動する。ショウタは、「こうやっ

てお風呂に入るんだ」「なんでも自分たちでやるんだ」と彼らの生きる現実を感じ，強く興味を引かれる。それは，自分にとってあたりまえの日常の習慣的な作業に困難を抱える障がい者の現実を知ると同時に，彼らのもつ「生きるために自分でやる意志と力」を感じる機会であった。

> 夜に，アスリートと一緒に湯船に行ったとき，大浴場に車椅子のまま入ってくることに驚いた。いままで，彼らがどのようにお風呂に入っているかなんて想像したことすらなかったからね。（制作動画：2019 年）

ショウタにとっては，「障がい者＝いろんなことができない人＝助けてあげたい人」という漠然と描いていた姿とは異なる現実を突きつけられる場面であった。「助けられる人と助ける人」という自分が依拠していた他者との関係における力関係が崩れ，自らの位置づけが混乱した体験である。自分がボランティアとして「やってあげる」という行為が相手にとって意味するところを考える機会ともなった。

■ 4-2　合同ワークショップでの議論
1）アスリートたちとのワークショップ

2 日目には，アスリートたちとの協働ワークショップを実施した（図 4-2 参照）。ここでは，花岡氏と私で事前に準備をすすめ，アスリートと学生たちがともに障がい者について考える時間をもった。その目的は，個人のなかにある障がい者に対する差別の意識をないことにしない場づくりである。当日は，私がファシリテーターとなり，2 時間にわたって議論したテーマは，重度の障がい者を多数殺害した相模原障がい者施設殺傷事件の犯人による「障がい者は社会の役に立たないから殺す」という言葉であった。

図 4-2　合同ワークショップ

アスリートでありながら障がい者運動にも長年関わる花岡氏は、まず最初に「この犯人の言葉には一理ある。だから僕たちは考えないといけない」と自らの主張を述べた。学生からは、重度の知的障がいをもち、生きるために誰かのケアが常に必要である人と、生活の自立を果たし、アスリートとして活躍する身体障がい者を同列においてしまっては「障がい者」の議論が成り立たないのではないか、という疑問が出された。花岡氏は、その疑問に対して、「自分は障がい者である。いつでも社会では差別され、殺される可能性があるという意味では一緒だ」という自らの立場を述べた。

花岡氏の投げかけを受けて、学生たちからは、「どんな障がいをもっていても社会の役に立てないわけではない」「そもそも、人は社会の役に立たないといけないのか」という問いが発せられた。ワークショップは、何かの結論を導く場ではなく、一人ひとりが自分の考えること、とくに「わからないこと」を述べる場となったのである。また、学生の発言を受けてアスリートたちもまた、日常で起きる車椅子で生きる自分への差別的な出来事について語る時間をもった。そのなかで、アスリートの一人は、「この事件を自分のこととして考えることから逃げてきた」と述べている。

ワークショップの間、私はファシリテーターの役割に徹し、その場で学生とアスリートの言葉を引き出すことに集中していた。また、終了後もそこで話された内容について学生たちに何かを直接問う時間はもっていない。

そのときの議論について、ショウタは、以下のように述べている。

> （合宿で）もう一つ印象的だったのが、アスリートたちと議論したこと。テーマは障がい者が多数殺された相模原事件。「障がい者は社会の役に立たないから殺したという、この発言には一理ある」。アスリートの一人が言った。この意見を言うのにどれくらいの勇気がいるのだろうか。僕は、ぼんやりとその意味を考えた。（制作動画：2019年）

このワークショップの後、学生たちは、しばらく黙ったままだった。障がい者が当事者として発する声を自分がどう聞いたらよいのがわからなかったのだ。マイノリティの声を聞くということは、「自分は何者であり、どういう立場でその声を聞くのか」が問われ、つきつけられる体験である。ショウタをはじめ、学生たちに言葉にならない気持ちがわきあがったのが伝わっていた。そういうときは、私は学生たちには何も語りかけないし、何も問わない。学生たちが「重かったね」と表現する

自分の内面に向き合い，感じる時間をもつためである。

　2）三日間の合宿
　こうして3日間の合宿は，学生たちにとっては，計画した活動ができた充実感を感じたり，楽しかったり，一方で，混乱したり，もやもやしたりする時間となった。初めて障がい者アスリートと生活したショウタにとっては，「何これ」の連続であり，「車椅子に乗ったアスリートは，強いのか弱いのか。そもそも障がいって何だ」，そうした漠然とした多くの問いをもたらすものとなった。
　そんな学びの萌芽としての問いを抱えつつ，合宿中は，一人ひとりが何を感じていたかについて言葉にする時間はほとんどもたなかった。学生たちは計画した活動で精一杯になり，ミーティングでは主として実務をこなすための打ち合わせとなるからだ。一方で，私は，食事のときや部屋に帰ってからの学生たちによる「すっげーよな」「こんなふうにお風呂に入ってきて，びっくり」というなにげない会話に耳を傾ける。そして，その場では，「そうだったんだ。その後にどうしたの？」と学生たちの驚きや混乱する感じを掴みとり，すくいあげておく。後に実施する「体験の言語化」の際に学生たちに問いかけるための準備である。

5　学生たちのふり返り合宿

■5-1　体験の言語化を実践する

　1）ふり返り合宿
　千葉での当事者支援合宿を経て，1週間後に1泊2日で学生たちによるふり返り合宿を軽井沢のセミナーハウスで実施した。ボランティア活動で漠然と感じているだけの体験を言語化し，その体験から自分たちの言葉で今後のチームとしての活動コンセプトを練り上げるための時間である。この時間は，個人が学びを得るためだけではなく，メンバー各自が体験からみつけた事柄の共通項をさらに抽象化し，言語化することによって取り組むべき課題は何かをチームとして共有する作業となる。
　この実践の成果としての活動コンセプトは，「自分たちの活動は何のためにやるのか」に関する今後の行動についての羅針盤となる。マイノリティに対するボランティア活動の可能性は，当事者を直接支援するだけではなく，「その人がそうなっている社会を自分もまた当事者として変えるための行動」でもある。それが私の専門性でもあり，学生たちによるこうした体験の言語化は教育者としての専門技術でも

図 4-3　パラプロふり返り合宿

ある。

「体験の言語化」の基本的な方法は，「自分が一番心にひっかかった場面」を切り取り，そのときの自分と相手の気持ちを言葉にし，「なぜ，自分や相手はそう感じたのか」を分析することである。自分の気持ちに向き合い，なぜそう感じるのかを考えることによって，その背後にある価値観や信念，そして，内面化している社会規範に気づき，それらが構築されている社会の構造へ目を向ける。社会的な力を自分の言葉で言語化することで自分や相手の個人的な要因だけでない社会のしくみやありかたを意識し，自らを社会的，政治的，文化的な文脈に位置づける試みである（早稲田大学平山郁夫記念ボランティアセンター 2016）。

ふり返り合宿では，私から事前に「全員，活動中に一番，自分がひっかかった場面を思い出し，その場面ではどんな気持ちだったのか，どうしてそう感じたと思うか，何が問題だと思うかを 5 分で発表してほしい」と指示を出しておいた。

2）ショウタの発表

そこで，ショウタが選んで発表した場面は，食事のときに自分がアスリートのためにお皿を用意したり，ご飯を運んだりした場面だった。それに対して，あるアスリートは「（自分でできるのだから）迷惑な部分もある」と言い，もう一人のアスリートはボランティア学生の好意として受け取った場面だった。

> 両方の意見があってどっちにすればよいのかわからなくなった。個人的には，障がい者に気を遣っていたからではなく，おもてなしの気持ちもあっての行動だったので，迷惑だと思われていて少し悲しくなった。これがもし障がいのな

いアスリートたちだったら，気を遣ってくれてどうもありがとう程度のことで収まっていたと思う。いままでほとんど無意識的にしていた行動が彼らを傷つけ，もしくは怒らせてしまうかもしれない可能性に難しさを感じた。これが個人の差なのか，社会的なものなのか，どっちなんだろう。

　この発表に対して，メンバー学生たちからは，「迷惑だと言ったアスリートには以前にもそういうふうに自分がやれることを誰かにやられた経験が何度もあったのかもしれない」「自分が弱い人にみられたくない気持ちがあるからではないか」といったコメントがあった。そうした学生たちの議論を聞きつつ，私は，ショウタに問いかける。

　　兵藤　では，ショウタは，どうして「食事を運んできましょうか」と彼がそれをしてほしいかどうかを事前に確認しなかったのだと思う？
　　ショウタ　僕は，食事を運んだらいいのか，しないほうがいいのかの正解がほしかったのだと思う。だから，どちらが正しいのかばかりに意識が行っていた。

　ここで，ショウタと私とのやりとりを聞いていた学生たちは，当事者への声かけや対話へのためらいと難しさは，自分たちにも共通していることに気がついた。そして，その気づきによって，自分たちの「障がい者」へのまなざしやその背後にある社会の価値観を意識化することになった。ショウタは，自分にはボランティア自身がやることを決めるという意識があることや，自分がそう思う背景には，社会のなかに障がい者がやれることや誰かにやってほしいことは当事者が決めるべき事柄だという理解がないことにも気づいたのである。

3) ケントの発表
　このようにして，ふり返り合宿では，メンバー全員が1場面を切り取って，一人ひとりが体験を言語化していった。たとえば，ケントからは，以下の場面が説明され，以下のやりとりがあった。

　　ケント　お風呂で地べたに座って身体を洗っていた花岡さんに「こちらの蛇口があいていますよ」と話しかけられなかった。声をかけて花岡さんに地べたを移動させるのは申し訳ないと思ったし，その姿を見る自分にためらいがあった。

> それは車椅子の人だからなのか，目上の人だからかよくわからない。
> 兵藤　どうして，そんなに意識したのだと思う？
> ケント　相手にいやな気持ちになってほしくないからもあるけど，自分が見たくないのはお風呂で地べたを這うのはかわいそうなことだと思っているからかもしれない。
> 兵藤　地べたを這う行動がかわいそうという価値観はどこにある価値観だと思う？
> ケント　それは，歩いて移動するのが普通になっているし，よいことだとされているから。

　以上のように，そのときの自分の気持ちを言語化することで，一人ひとりが体験をメンバーと共有ししつ，その背後にある「社会の課題」を共に探っていった。

4）教員の工夫

　「体験の言語化」の実践の場では，基本的に教員は学生の言葉を引き出すファシリテーターである。（早稲田大学平山郁夫記念ボランティアセンター 2018）。しかし，パラプロ活動では，教員も学生と同じように支援現場で当事者に関わっている。そのために，学生の言葉を引き出すだけでなく，自分自身も自分の体験から感じたことを学生に語る。

　今回は，上記の例のように，学生たちが「当事者に何かをやってあげるかどうかをどう決めたらいいわからなかった」という議論をしていた場面で，私も自分の体験を語った。合宿の初日にある女性アスリート（K選手）が，自分でできるのにあえて私に動かない足を競技用車椅子の足置き場においてほしいと依頼した場面である。まだ出会ったばかりでその選手との深い関係性もないなかで，私はK選手が生活用車椅子から競技用車椅子に乗り移るのをじっと見ていた。そのときにたまたま片方の足がうまく競技用車椅子の置き場に乗らずにだらりとした状態となっていた。私はその場面で「何かをしてあげたい」という気持ちになっておらず「この動かない足をどうするのかな」と思っていた。その状況で，K選手が私の顔を見て「先生，この足をここに乗せてください」と言ってきたのである。

　私は学生に対してその場面の描写をしながら，私の内面に起きた気持ちの揺らぎを言葉にした。

私は，K選手からやってほしいと言われたときに，とてもとまどった。同時にとてもうれしい気持ちになった。動かない足を私にさらけ出す強さってどういうものなのだろうと思った。

　おそらく私は，このときK選手がもつ「私がどうしてほしいかは私が決める」という意志の強さに触れていたのだと思う。もちろん，「自分でやれることはなんでも自分でやる」という障がい者の自立を目指すあり方もある。しかし，私はK選手のふるまいに「動かない足は卑屈になるべきことではない」という自信と強さを感じたのだった。そして，そういう強さをもつ人に私ができることを依頼されるとうれしいと感じる自分を発見していた。そして，その体験を学生に語りたいと思ったのである。
　こうした教員の語りによって，学生たちにとっては，「先生とK選手との間には，そういうことがあったんだ」という体験を知る。これは，学生が私の体験から「どういう関係性のなかで何が起きたのか。それが先生にはどういう意味があったのか」を知ることで，自分が相手との関係性で起きた出来事を違った視点で考えてみる機会を意図したしかけである。このときも，私が使った「強さ」という言葉に対して学生の一人が，「先生はどうしてそれを強さと感じたのですか」という問いを投げかけてきた。このやりとりは，学生が「自分の弱さを表現するのは他者を信頼できる強さなのだ」という私の知の世界に触れる機会となった。

■ 5-2　体験の言語化から活動のコンセプトを作る
　ふり返り合宿では，ここからさらにチームとして取り組むパラプロ活動における体験の言語化として次のステップを試みた。方法は，学生たちの体験から言語化された多様な事柄の「共通項」を同じボランティアを行なったグループとして議論し，活動のコンセプトを作っていく実践である。
　私から，「ここまでみんながそれぞれの場面をふり返ったことでみつけたいくつかの問題や課題があった。では，そこにあるもので共通している事柄は何だろう？」という問いを投げかける。学生たちからは，「障がい者だけでなく，人にできることやできないことがあるのはあたりまえ。それなのに，今の社会にはできるほうがよいという価値観と優劣の評価軸がある」「その優劣や序列は，障がい者の排除や差別につながっていく可能性がある」という議論が導かれる。
　そこまできたら，「では，それが問題だとすると今の私たちの社会に足りないも

表 4-2　体験の言語化による活動のコンセプト

2018 年 パラリンピックリーダープロジェクトのコンセプト
社会におけるあなたの役割はなんだろう。
役に立たない人間は社会に必要ない？
そもそも役に立たない人間とは？
生産性・効率だけを求めることが「役に立つ」ことなのだろうか。
凸凹に出会い，変われる，スポーツの力。
人種，性別，年齢，性格，障がい，人はそれぞれに違う。
しかし，スポーツをするうえでこの違いは関係ない。
そこにあるのは違いから生まれる，何が得意（凸）で何が苦手（凹）ということだけ。
ふだんの生活でその違いに気がつくことは難しい。
スポーツは初対面であっても相手の凸凹に出会い，自分の凸凹を見つめ直すことができる。
ともに体を動かし，汗を流し，自分や相手の凸凹を知ることで自分の行動をふり返り，他者を理解するきっかけとしてほしい
一瞬の経験が，一生の財産となる。スポーツと自分の可能性を信じて。

のは何だと思う？」という問いを重ねていく。その問いに対する議論が進むなかで「一人ひとりができること，できないことは優劣ではなく，得意，不得意の役割として捉える視点ではないか」という地点に到達した。

　ここまで抽象度が上がってくると，「今，みんなでみつけた事柄をもう少し端的に自分の言葉で表現してみてほしい」と伝える。学生たちは抽象化しようとすると「共生社会」「多様性」「包摂」といった学術の概念に頼りがちになる。しかし，学術の概念を使うことには「わかった気になる」という危険がある。抽象度の高い言葉で説明されることの気持ちよさに引っ張られて，その概念自体の理解が十分でない場合も多い。また，学術の言葉にしたとたんに，その概念では説明しきれない「自分の体験から得ているオリジナルなもの」をそぎ落としてしまう可能性もある。

　そこで，私は，あくまで自分の言葉で表現するように促す。「それって，つまりはどういうことなわけ？」という問いに対して学生全員が言葉を探す。小さなグループに分かれてみたり，とりあえず全員が頭に浮かんだ言葉を書き出してみたり，リーダーを中心に自分たちで言葉を生み出すための方法を工夫する。そして，結果としてふり返り合宿で学生たちがつむいだ言葉が「凸凹に出会う」という活動コンセプトだった。表4-2は，その後，ふり返りミーティングの議論を学生たちが文章にまとめたものである。

学生たちが自分たちのボランティア体験から「凸凹に出会う」という言葉をつむいだことで得たのは，障がいによる能力の差異を優劣，序列ではなく，違いとして相対的にみる視点である。それは，「障がい者か健常者か」の二項対立ではなく，すべての人に得意，不得意があるという連続性をもった世界の見方である。また，学生たちは，「凸凹の言葉からは，ただ一緒にいるだけでなく，役割をもって補い合うことで何かに近づけるというイメージがもてる」とも述べている。

こうして，ふり返り合宿を経て学生一人ひとりの体験をそれぞれが言語化し，さらに抽象化した言葉にする努力によってチームとしての活動コンセプトが共有された。自分たちがやりたいのは，「多くの人が凸凹に出会う場づくりだ」と今後の活動の方向性が明確になったのである。

■ 5-3　ショウタの気づき

1）変容の可能性

さて，以上がパラプロによるボランティア活動と体験の言語化の実践になるが，ここからは，ショウタに起きた変容について解説し，その可能性と課題を考察してみたい。

ショウタは，1年目の活動を経て，2年目には自ら立候補し，2019年度のパラプロのリーダーとなった。そして，1年目よりも2年目は，より深く活動に関わるようになった。彼自身は，1年の活動を経た自分の変化として，まず日常生活のなかで「車椅子の人が見えるようになった」ことをあげている。

> 今日はディズニーシーに行ってきた。めちゃめちゃ車椅子に乗った人いるじゃん。何回も来ているのに，いままで何で気づかなかったんだろう。自分の変化に驚いた。（制作動画：2019年）
> ディズニーシーにいた車椅子の人が見えるようになった僕は，早稲田大学にも車椅子の学生がいるのにも気がつくようになりました。（ショウタ：2019年1月ワボプロシンポジウム）

ショウタは，ボランティア活動を通じて，車椅子アスリートと個人としての関係を築いた。こうした「僕とその人」の関係性が生まれたときに，ショウタは，車椅子とともに生きる意味を模索し始めた。そこから立ち上がってきたのは，「車椅子で生きるとはどういうことなのか」という問いである。この問いが生まれたときに，

自分の生活空間にいる車椅子の人たちに意識が向くようになる。そして，ショウタはそこにいる車椅子の人に気づくようになって，初めてそれまで，そこに意識が向かっていなかった自分に気がついた。「見ようとしないと見えない現実がある」という理解は，ショウタが体験を通じて得たものであり，「マイノリティの問題を見えなくしている力」へのさらなる関心につながった。

ショウタは，さらに障がい者に自分の好意を受け取ってもらえなくてとまどった体験を通じて，障がい者にどうしてほしいかを聞けない自分に気づいた。その気づきを通じて内面化している価値観や規範を分析した。彼にとっては，その一連の行為が自分の価値観や規範，信念といった個人的なことが，社会的な力によって構築されるという知の世界を知る実践であり，自分が社会的な存在である実感をもたらした。さらには，社会という視点は，障がい者が現実の社会を生きる困難が当事者の問題ではなく社会の問題であるという理解へとつながっていった。ショウタのこうした変容は，体験とその言語化を通じて個人と社会との関係がつながる可能性でもある。

次に，学生たちがチームとして言語化した活動コンセプトである「凸凹に出会う」という言葉がショウタにもたらした変容である。

> 僕らが考えた凸凹。これは個人のなかにある得意なこと不得意なことを表している。それは社会のなかでもあることだと思う。それぞれが自分，組織の強みを生かして生きている。でも，不得意なことが目に見える，わかりやすい障がいだと一変して評価が変わる。本来は，目が悪いからメガネをかけることも，歩けないから車椅子に乗ることも同じはずなのに，後者の場合は，差別や偏見の対象になる。これがいま，社会にある問題なのではないのだろうか。(制作動画：2019年)

「凸凹」という言葉を自分たちでつむいだプロセスによって，ショウタは，優劣ではなく「差異」として障がいを捉える視点を獲得した。しかしながら，ふり返り合宿のときには，ショウタにとっても学生たちにとっても「凸凹」はあくまで個人の能力として得意，不得意が存在しているという理解だった。

その後，「凸凹」という言葉をコンセプトに，チームのメンバーと具体的な活動や議論を重ねるなかで，「凸凹」が得意と不得意であるならば，個人のみならず多様な組織にも強みと弱みがあるという理解につながっていった。そして，ショウタは，

社会が個人だけでなく，学校や会社といった組織によっても成り立っており，凸凹はそれぞれの組織にも応用できることに気がついた。抽象化した言葉をつむいだことで普遍性への気づきが生まれたのである。

さらに，「凸凹」によって相対的な視点を得たときに，ショウタのなかでは，個人に何かできない点があるのは同じなのにどうしてメガネは差別の対象にならず，車椅子は差別の対象となるのかという新しい問いが生まれてきた。その問いはさらに，今の社会に存在する「障がい者とは誰か」という問いを導き，障がい者と健常者の間に恣意的に線引きをする構造が存在しているという理解をもたらした。これは，ショウタにとっては，新しい知の枠組みであり，「マイノリティとは，個人の意志や力とは無関係に社会の周辺部におかれる人たちであり，社会のなかで構造的に作り出される差別や偏見が存在する」という私の専門知の影響を強く受けた部分である。

2）課題と限界

以上が，ショウタに可能性をもたらした変容として考察できる部分である。一方で，私が意図的に学生の学びとしてしかけつつも，そこには至っていない課題も指摘できる。ボランティア活動の体験の言語化は，言語化するプロセスを通じて「自分は，どういう形で相手が抱えるその問題の当事者なのか」を考えるための実践である。そのために自分と当事者をめぐる社会的な文脈に自己を位置づけたり，位置づけ直す地点を目指している。

「ムキムキのアスリート」を見て驚いたというショウタの体験は，「自分が思っていた人とは違う」という自分が内面化していた障がい者に関する既存のステレオタイプが壊れるという意味があった。また，車椅子の彼らが自分よりも力が上だという事実が，障がい者である彼らと健常者である自分との力関係を揺さぶるものでもあった。

しかし，ショウタの場合，そこから「自分よりすごい」という彼らに対する自らのまなざしこそが，優劣や序列という意味で既存社会の構成員として障がい者への構造的な差別に加担しているのだという気づきと当事者意識には至っていない。既存構造のなかで，マイノリティを作り出すマジョリティとしての自分の位置づけを再考する意識はみられない。障がい者をめぐる問題を個人ではなく社会の問題として捉え直したときに，その社会のなかで自分はどこにいるかを考える思考へとはうまくつながっていない。

6 おわりに

　体験の言語化手法を開発した際の問題意識の一つが，学生たちのなかでの「個人と社会との分断」であった（早稲田大学平山郁夫記念ボランティアセンター 2016）。現実にある問題を誰かの問題として批評するばかりの学生たちが，体験を通じて自分の問題として当事者になる実践である。そういう意味では，ショウタの事例は，個人と社会の分断を埋めながら社会の構成員としての当事者になっていくプロセスには段階があることを示唆するものであろう。

　まずは，学生たちがボランティアで出会う当事者が抱える課題を「その人の個人だけではなく社会に課題があるという視点を得る」という段階がある。次に，その社会のなかに構成員として自分を位置づけるステップがある。「体験の言語化」はその両方を目指す実践であるが，学生によって，そこに至る学生と至らない学生がいる。それが方法論上の問題なのか，もともとの学生の準備性の問題なのか，ほかの要因が影響しているのかについてはさらなる検討が必要である。

　以上の課題を指摘しつつも，ショウタは，パラプロ活動に参加し，その体験を言語化することで，障がい者をめぐる問題は障がい者だけの問題だけではないという知の枠組みを得た。そして，そこからすでに個人としてもチームとしても既存のあり方を揺さぶり，変えるための新たな行動と活動が始まっている。パラプロの活動は，学生と私との協働としてマイノリティ支援を通じた私たちの「世界をちょっとでもよくする」挑戦でもある。だからこそ，さらなる学生によるボランティア活動と体験の言語化実践の洗練化は，一人ひとりの教育実践としての可能性だけでなく，社会変革への期待でもあることも指摘しておきたい。

【参考・引用文献】

兵藤智佳（2012）.「「言葉を紡ぎ，意味を見つける力」を育てる学生支援」『大学教育学会誌』34(1), 60-65.
早稲田大学平山郁夫記念ボランティアセンター［編］（2016）.『体験の言語化』成文堂
早稲田大学平山郁夫記念ボランティアセンター［編］（2018）.『体験の言語化実践ガイドブック』成文堂

第 2 部
学生からみた
ボランティアプロジェクト

05 ボランティア体験をふり返る
参加学生のインタビュー：1

岩瀬詩由・米　伶太・櫛部紗永・相原悠伸

聞き手：河井　亨

　本章では，早稲田ボランティアプロジェクト（以下，ワボプロ）参加学生がどのようなことを感じ，考え，学んでいたのかを明らかにするため，第1部の各章で登場したプロジェクトのメンバーによる座談会の様子を紹介する。座談会は，2010年度より早稲田平山郁夫記念ボランティアセンター（以下，WAVOC）の学生の学びと成長を研究してきた河井亨（立命館大学）がファシリテーションして進められた。なお事前に教員の書いた第1部原稿を共有し，それを読んだうえで2019年6月21日にこの座談会は行われた。第1部でふれられている内容をプロジェクトメンバーたちがどのように感じ，そして受け止めているかが伝われば幸いである。

1　自己紹介・プロジェクト紹介

　河井　まず自己紹介をして，その後，みなさんが体験したエピソードについて，自分の経験のなかで印象に残っていることを簡単に話してもらって，それから座談会に進みたいと思っています。最初に座談会の大きな枠組みを説明しておきます。まずは一つめ。先生たちによる第1部を読んでもらうと，「先生はこういう考えでやっていたのだ」ということがわかるようになっていると思いますが，「（先生はそう考えていたのかもしれないけど）学生からみるとこうだ」ということを少し聞いてみたいと思います。二つめ。この経験の後，大学生活や人生で，どんなことがあったかいろいろ聞きたいと思います。そういう大きな二本立てです。気楽に臨んでくれればと思います。では，よろしくお願いします。

　学生　よろしくお願いします。

　河井　立命館大学で教員をしている河井です。あらためて，よろしくお願いしま

す．自分の学部の学生の話を聞きながら，教員からみえている部分と，学生がみているもの・経験しているものはかなり違うのだなあといつも思わされます．今日もみなさんの経験を聞くのが楽しみです．よろしくお願いします．

岩瀬　早稲田大学大学院環境エネルギー研究科修士2年の岩瀬詩由と申します．私も就職活動を終えて，修論に向けて研究をがんばろうという感じです．狩り部で獣害対策をやっていて，修論も獣害対策で取り組んでいます．よろしくお願いします．

米　教育学部3年，もりびとプロジェクトのリーダーをしています，米伶太といいます．私も3年生なので，そろそろ就職活動をやっています．よろしくお願いします．

櫛部　海士ブータンプロジェクトでリーダーをしています，櫛部紗永と申します．今は法学部4年生で，就職活動が一応終わって，報道記者になろうと思っています．今まで自分はボランティア活動をかなりやってきていて，NGOやNPOに就職してもいいかなと思ったのですが，幅広い視点で社会をみたいと思い，報道記者に決めました．そういう現実的な部分がみえた近況報告です．

相原　社会科学部2年の相原悠伸です．近況報告なのですが，ゼミの選考が最近始まって，一次選考で倍率の高いところを選んで失敗しただけでなく，二次選考の募集のときに体調を崩して，応募すらできませんでした．非常に情けないですね．それが近況報告です．

河井　ありがとうございました．それでは，これから聞いていく話の理解を深める意味で，みなさんの体験したエピソードを教えてもらってもいいですか．

■ 1-1　狩り部

岩瀬　私は昨年の今頃，狩り部に入りました．狩り部の目的は，中山間地域の獣害問題を解決することです．具体的には，たとえば猟師さんの罠を一緒においたり，猪の侵入経路になりうる草を刈る作業をしたり，猪や鹿の解体を一緒にしたりしています．ほかにも，狩猟免許を今年の1月に取ったりもしました．簡単な活動内容は以上ですが，印象に残ったことはやはり解体です．私自身はそれまで動物が大好きで，動物と共生したいという考えで狩り部に入ったものの，いざ自分で動物の解体の作業をすると，「やってしまった，ついに」と感じました．そこで自分なりの区切り，覚悟もついて，「よしやってくぞ」というふうになっていきました．

■ 1-2　もりびとプロジェクト

米　もりびとプロジェクトの紹介をします。昨年からもりびとプロジェクトが始まって，今までに2回渡航しています。対象はタイ北部に住んでいる，元々狩猟採集民だったムラブリという少数民族です。活動の中心は生活支援ですが，そのほかにも，学生が主体となって，何をしたいのか，また何をするべきではないか，を話し合いました。生活支援だけではなく，やりたいこと，たとえば豚を殺して食べるとか，生活支援とは関係ないことも，学生主体で考えて，みんなで「やろう」「これはやらない」と考えて，幅広く活動しています。夏と春の2回渡航するのですが，夏のときにはぬかるんでいたところに階段を作りました。それも東京で考えたのではなく，現地に行って，何が必要なのかを考えてやりました。先生に「これをやろう，あれをやろう」と言われるプロジェクトではなく，自分たちで渡航日程もすべて決める主体的なプロジェクトだと思います。

河井　そのなかで，印象に残ったエピソードを一つあげるとすると何かありますか？

米　たくさんあって言い切れませんが，一つは住環境です。お風呂に入れない，電気が満足に使えないなど，その他いろいろありますが，劣悪とはいかないまでも，みんな第1回目は住環境に衝撃を受けました。

■ 1-3　海士ブータンプロジェクト

櫛部　海士ブータンプロジェクトについて説明します。テーマは地域活性化や地方創生で，海士町という島根県の小さな島とブータンという一つの国をフィールドにしてやっています。私たちは，日本のいわゆる地方が抱えている過疎化などの問題は，ブータンの地方などでも同じだと考えているのですが，そういった地域活性化や地方創生の成功事例といわれているのが海士町の島です。だから，私たちは海士町に行って，実際にどういうことを取り組んでいるのか，どのように地域活性化をしているのかを学び，それをブータンにいかすという方向性で活動をしてきています。私はワボプロの1年目からやっていたのですが，ブータンにはじめて行ったのは，2017年の春休みに平山先生が企画してくださったWAVOC主催の研修旅行（☞ p.32）に参加したときでした。それでブータンは，先進国でも途上国でもない面白い国だなと思ったのがきっかけでワボプロに入りました。ワボプロが始まってからも，自分たちの団体に所属してない学生にもブータンに行く機会を作りたいと思い，1年間のゴールとして毎年スタディツアーを自分たちで計画して行なっていま

す。ふだんの活動では，平山先生が主催されているブータンについての勉強会を一緒にやったり，また，海士町の学校には高校生がブータンに行くという，プログラムがあるので，それを少しお手伝いしたりアドバイスをしたり，そのために自分たちが渡航したりしています。自分はブータンに3回行って，海士町にも3回行きましたが，今も印象に残っていることは，いま一つ地方創生の意義がわからないということです。他者から，客観的にみると，インフラが全然整備されていなかったり，便利ではないように思われる暮らしがあったりして，「手を加えなければならないのではないか」と思うのですが，現地の人たちに，「いや，これが便利だ。これが自分たちの生活のしかただから，これ以上発展していく必要や，開発をする必要はないと思っている」というようなことを言われると，「そもそも私たちが入っていく必要はあるのか」と毎回考えます。今日のミーティングでもそのことをずっと考えていました。

■ 1-4　パラリンピックリーダープロジェクト

　相原　パラリンピックリーダープロジェクトについてですが，基本的にはパラリンピック種目である車椅子陸上のアスリートの方と夏合宿などをして一緒に活動している団体です。ですが，パラリンピックだけに絞って活動しているわけではなく，ミーティングなどでは，社会一般に視点を広げて障がい者問題について話し合ったりしています。合宿で選手たちと関わるなかで，自分たちの想像とは異なる部分が多くあるので，その気づきから，「どうやったらより障がい者理解が進み，世の中の人たちがより良い意味で障がい者を捉えられるのか」ということを考えています。一番驚いた経験は，お風呂に一緒に入ったときです。それまで，「障がい者は生活において特別な援助が必要な人たちだ」という認識だったのですが，彼らは自分でお風呂のなかに車椅子で入って，そのまま体を洗って，車椅子から降りて湯船に浸かっていました。彼らはアスリートで，障がい者のなかでは障がいが軽い部類だということもあるとは思うのですが，それを見たときに，「障がい者」と一言でいってもいろいろな人がいて，それぞれが抱える問題は違うのだと思いました。それから，まちなかで障がい者を見たときの印象も大きく変わりました。

　河井　どういうところが変わったのでしょう。

　相原　その経験をするまでは，たとえば，まちなかで困っていそうなところを見かけたら，何かしてあげなければいけないのだろうという考えでした。しかし，アスリートと知り合ってから，彼らは普通に生活する場面でとくに困っているという

わけではないかもしれないし，車椅子に乗っていれば動くことはできるのだから，求められていないときにこちらから何かをしたら，それはただのお節介でいやな感じになるのではないか，という考え方に変わりました。

2 先生のはたらきかけ①：学生からみて

　河井　では，話題を次に進めて，先生との関わりのなかでどうだったかということを聞きたいと思います。その前に，第1部を読んだ感想を聞いてみたいと思います。では詩由さんからお願いします。

■2-1　自然のこわさを教える（岩井先生）

　岩瀬　アフリカでの活動についての話があったと思いますが，私も3年生のときにタンザニアでの「アフリカゾウとの共生を実践するボランティア」に行きました。私たちは先生の考えた旅程表に沿って，何もわからずとりあえず行くという感じだったのですが，先生は，危険な野生動物も目の前にいる状況で，自然の恐ろしさをどのように実感させるかという難しいことを見極めながら安全性を確保してくださったのだと思いました。当時はそこまで考えていなかったので，今になって読んでみて，「ありがたいな」と思いました。また，自然は守るべきものというだけでなく，こわいものだということを知ってほしいというねらいがあり，その点では，私は先生のねらったとおりの体験をしたと思います。

■2-2　学生の言葉を引き出す（二文字屋先生）

　米　岩瀬さんと似た感想になりますが，本当にねらいどおりに自分たちは動かされたと思います。もりびとプロジェクトでキーとなるのは夜のミーティングです。夜のミーティングは毎晩3時間くらいあるのですが，そこで気づきを気づきで終わらせずに共有するときに重要なのが言語化です。たとえば，「楽しい」といっても，「どんなふうに楽しいの？」ということを必ず先生はつっこまれるし，「ムラブリって努力していないよね」というと「え，努力する必要ってあるの？」と聞かれます。学生の本心，本音を引き出そうとされているのだと思います。けっして答えは言わないのですがしつこく質問されます。他の学生も先生を真似て，自分が気になったところを他の学生に質問するようになり，お互いにどう思っているかであったり，自分の考えが相手にうまく伝わっていない，言語化がまだ下手だといった課

題がみつかったりします。これはムラブリ生活のなかだけではなくて，社会に出たときに，どのように相手に思いを伝えるかという面でも応用できます。先生が用意したものであるとはいえ，夜のミーティングは毎晩とても白熱したものになります。

　河井　あとで詩由さんには岩井先生の具体的なはたらきかけについて聞くとして，今，米君は，「どんなとか答えは言わずに」という二文字屋先生の具体的なはたらきかけに踏み込んでくれたので，その点について詳しく聞きたいと思います。たしかに君たちからすると，「そこまで広く考えられていたのか」とみえるかもしれませんが，それだけにとどまらないこともあるのではないかと思います。先生の意図とは違うところでも発展があったり，書かれていないことがあったりしたと思うのですが，どうでしょうか。

　米　たとえば，初日に，僕と二文字屋先生が口論したのです。先生の価値観と自分の価値観が衝突することもありました。とても細かいことなのですが，肉を焼いていたときに，なかなか火が通らなくてこわかったので，僕が先に味見をしていたところをたまたま先生が見て，僕がみんなを待たずに先に食べたと思われたのです。そのときは何も言われなかったのですが，その後の夜のミーティングでそのことを遠回しに言われて，それで私がちょっと怒ったということがありました。そのときそう思われたのであれば直接その場で言えばいいじゃないですか。手のひらの上で転がされていたというよりは，戦って自分の考えをさらにもつという意味では，むしろ，ぶつかるという感じでした。他の学生も，先生の言い分に「それ違いませんか？」と言えるようになっていました。

　河井　「戦って」というと，戦い方は変わっていくのですか。最初は「それは違う！」と感情的に反応していたと思うのですが，具体的にどんな「ぶつかり」方があるのでしょうか。

　米　後半になって，先生に対して質問することが多くなったかもしれないです。初日や最初の一週間は，先生が一方的に質問してこちらが答えるので精一杯だったのですが，後半は逆に，先生が考えを言ったときに，学生たちの方から質問してつっこむ場面もかなりみられたと思います。

　最後の方は学生だけで話すときには，いつか先生の上を行く言語化をしようということを話したりもしました。だから，なかなか難しかったです。

　河井　そういう「ぶつかり」方になっていくのですね。ありがとうございます。

■ 2-3　やりたいことを否定しない（平山先生）

櫛部　自分たちは現地に行ったり，対話をしたりすることを大切にしてきている実感はありましたが，それは先生が用意してくれたものだという感覚はまったくなかったです。というのは，平山先生はあまり「こうしたほうがいいんじゃない？」とか，「こういう視点で気づきを考えてみて」とか，そういうことをおっしゃらないのです。あえてそうされているのだと私は思うのですが，「もう少し先生のアドバイスがほしい！」というときにも先生はあえて口を出さない場面もありました。しかし，これを読んだときに，きっと先生は自分の答えをおしつけたくないのだろうと思いました。

河井　たとえば平山先生に，「こういうときどうしたらいいんですか」ということを直接的に聞いたりはするのですか？

櫛部　私はいつも，「難しいんですよねこの活動」と口癖のように言っているのですが，海士町とブータンをどうつなげられるかという答えがまったくみつかっていない状態なので，それについてアドバイスがほしいと思うこともあります。しかし，先生は「もっと現地に行って，とにかく人の話を聞いて，現地にいる人の言葉から君たちは感じ取って，それを結果として出してほしい」という考えがあるのだと思います。

河井　そのときは何を言われるのですか？

櫛部　そのときは，「う〜ん，難しいねえ」とか。おそらく，私が難しいと思っていることを「そうだね」というふうに言葉で言うだけなのですが。また，ここに書いていないことでいうと，先生は，一見すると海士町やブータンに関係がなさそうでも，地域活性化にいかせそうな機会，たとえば，先生は何かのプロジェクトや助成金を得るための発表をする場，今度も中高生に話したりするのですが，そういった自分たちのボランティアのことを言語化する機会などをたくさん用意してくださいます。そのように，先生自身が考えて何かをするというより，先生はとにかく場を作ることを重視されているのだろうと思います。

河井　先ほどの米君の話と同じように進めると，先生が思っていることと必ずしも全部同じではないと思うのですが，書かれてある内容で違うかもしれないと思うことはありますか？

櫛部　そうですね。これは書かれてはいないことですが，正直なところ，平山先生が海士ブータンプロジェクトを今後どうしていきたいのかを聞いたことがないのです。それはおそらく他のメンバーも同じで，先生が何を考えているのか，あまり

理解していないというか，聞かないのです。
　河井　それでも，プロジェクトとしては続けていこうとなるのですか？
　櫛部　なります。
　河井　なぜですか？
　櫛部　それはおそらく，私たちが単に机上で議論をすることにこだわりすぎて，ぶつかったりしたときに，先生が「いや，現地の人と話してみるべきだよ」とか「もっとキーパーソンがいるんだからその人に会うべきだ」とか……。
　河井　何か机上でぶつかっていた例はありますか？
　櫛部　今度，海士町にみんなで合宿に行くのですが，その合宿の目的は，私たちがブータンに行ってきて気づいたブータンの地域活性化の方法を海士町の人に発表しようというものでした。本当は，高校生を招いて，パネルディスカッションをしたらいいのではないか，ということで半年間くらいかけて考えていたのですが，高校生が出られなくなって，ディスカッションの相手がいなくなったのです。そのことが先週ごろに発覚し，今日，どうするかを話していました。私たちは，海士町に行く位置づけを，今までの活動の成果ではなく，現地でいろいろな人たちに話を聞くなど，とにかく吸収する位置づけに変えるということを話したのですが，先生は，「それでもいいと思います」といった感じでした。そのように，先生はどう考えているのだろうと思うことは何度かあります。しかし先生は，たとえば今日の結論についていえば，「それなら，誰々さんとか，役場のなんとかさんとかそういう人に聞けばいい」という，そういうアドバイスのしかたなのです。だから，活動していくうえで先生が方向性を決められることはなく，私たちが決めたことを深めるために先生がアドバイスをするということでブータンプロジェクトをずっとやってもらっていると思います。
　河井　なるほど。それにもかかわらず，どうして続いていくのでしょうか？
　櫛部　それは，先ほどいったような意味で，自分たちがやりたいことしかやっていないからだと思います。それが正しいか正しくないかはわかりません。たとえば今日も，いわゆる誰かを助けたり，誰かのためになることをしたりするのもボランティアである一方で，海士町に行っていろいろな課題を知ってそれを誰かに話すだけでもボランティアになるかもしれない，という話になりました。自分たちが思い描いたボランティアをやっているだけなので，否定はされないということはやっていて直接楽しいという気持ちにつながり，モチベーションにもなると思います。

■ 2-4　学生が困ったときに方向づける（兵藤先生）

相原　この文章を読んで最初に思ったのは，先生の作った場で踊らされているのではないかということです。先生がパラスポーツという題材について書いていたこと，つまり，社会一般には障がい者＝弱者という認識がある，アスリートは対照的に強さの象徴であるから，パラスポーツの人たちと関わることによって，社会に存在する障がいのあり方といった概念が壊れるのではないか，というようなところに活動が落ち着いているのは，先生の想定どおりに起こっていることなのかなと思いました。しかし，無理やりというわけではありません。ミーティング中などに，学生たちが障がい問題のことなどを話すなかで，1，2分くらい誰も何の言葉も出なくなるときがあるのですが，そういうときだけ先生は言葉をかけてこられます。兵藤先生は言葉がうまいので，その言葉がみんなにスッと入るのです。たとえば，昨年の早稲田祭のときに，団体の今までの活動を動画にして，より多くの人に知ってもらう活動をやったのですが，一度動画を全体で見たときに，コンセプトが自分たちが伝えたいことに合っていないのではないかという話になりました。最初のコンセプトの視点は学生であり，大学に入った主人公がこれからどういうふうに成長していくかというストーリーを作っていました。しかし，それでは「こういうことができなければならない」という伝え方になっているという議論がありました。自分たちは「凸凹があたりまえの空間に」というようなコンセプトでやっていたのに，それと相反するメッセージになってしまいます。とはいえ，「できなくていいよ」ということを伝えるのは，とても難しいことでした。よくテレビなどでも，障がいをもっていてもできる人たちが取り上げられて「素晴らしい」というふうに言われがちだということもあり，本当に言葉が出なくなってしまったのです。そのときに兵藤先生が，「できる／できないの対立ではなくて，自分が何を選ぶかが大事なのではないか」という話をされて，それで一気に方向性が決まりました。

河井　書いてあった話だと，優劣というよりは「違い」というようなことですか？

相原　そうですね。差異や違いに目を向けるということですが，その動画のときはそうではなくて，差異よりも，自分で何かを選んで行動するということが大事なのではないかということに視点を移した，ということです。

河井　具体的なエピソードで面白いですね。今の話だと，わりと先生が方向づけるときがあるということですね。

相原　ふだんは本当にまったく喋らないです。ミーティング中とかも，ただただ

聞く，という感じです。意外だと思われるのですが，兵藤先生は本当に仏のように見ているだけです。基本的にはそうなのですが，ミーティング中に誰も何も言えず固まっている時間があまりにも長いと，ハッと言われたり，逆にこちらが「先生はどういうふうに考えていますか」という感じで聞いてみたりするというかたちでやっています。

　河井　兵藤先生が書いている内容で，ここは少し自分が今感じていることとは違うかもしれないと思ったところはありますか？

　相原　障がい問題が社会の側の問題だという話が最後のほうに出てきます。社会の側が構造的に差別や偏見を作るというのは，自分も納得していて，そのとおりだとは思いますが，かといって，なくなるものでもないのではないかと思います。社会の側でカバーできることにも限度があるとは思う，というところが違うところです。

3　先生のはたらきかけ②：ここがよかった！

　河井　では二周目に入っていこうと思います。先生のはたらきかけで，自分にとってここはよかったと思うものがあれば，少し具体的に聞いていきたいと思うのですが，どうですか？

■ 3-1　自然のこわさと安全性の調節（岩井先生）

　岩瀬　先ほどの話の続きにもなりますが，自然のこわさを体験したという話で，やはり狩り部の活動は山での活動なので，滑落の危険や解体のときの感染症の危険があります。ナイフなども使うので，危険なこともかなり多いのです。しかし，活動当初は，やったこともないし何が何だかわからないというところで，私だけではなく，メンバーにあまり危険性に実感がない人が多かったのです。先生は，ふだんは学生と同じ目線で「あ，一緒にやろうよ〜」という感じで言ってくださるのですが，そういう危険なことや感染症のリスクなどはよく把握されていて，締めるところは締めるというところがすごいと思います。事実，狩り部で大きい怪我や病気になった人も，私の知る限りではいないので，それはとてもありがたいと思います。

　河井　一つ具体的な話で，狩り部の前の活動で，ハイエナに遭遇して動物が本当にこわいと思ったという経験が書かれてありましたね。あそこだけを読むと，とても危ないように思えたのですが大丈夫だったのでしょうか？

岩瀬　建物の2, 3歩出たところから3メートル先くらいで，すぐ建物に逃げることができる距離だったので。

河井　危険を感じるけれどもすぐ逃げられたということですね。そのように，安全について先生がすごく気を配っているというところが，影響されたところ，よかったところということなんですね。

■ 3-2　「良いか悪いかは別として」（二文字屋先生）

米　先生の話を聞いていると，よく出てくるワードがあったことに気づきました。「良いか悪いかは別として」。僕はあまり好きではないです。「結局あなたはどっちなの？」となるので。ですが，たとえば今の日本ですぐに炎上したりするのはおそらく，よく考えずに「良いか悪いか」という結論に飛びつくのが簡単だからだと思います。しかも，良いか悪いかというのはだいたい主観的です。だから，自分にとって良かったら誉めるし，自分にとって悪かったらすぐに人をけなすのです。ただ単に自分の立場で考えた「良い」とか「悪い」というのは，一種の暴力で，良くないのではないかと思います。「良いか悪いかわからないけど，相手の立場は何なのだろう」とか，「どの人にとって良いんだろう」ということまで考えて初めて「自分にとってこれは良いな」といえるのではないでしょうか。このキーワード，「良いか悪いかは別として」は僕のなかで印象に残っています。それまで僕はすぐに「これは良い，これは悪い」と言っていました。これはとても楽なことですが，今の社会ではダメなのではないかと思います。先生のワードからそのことに気づきました。

■ 3-3　学生の成長を捉え，小さな活動を大切にする（平山先生）

櫛部　よかったところは二つあると思います。一つは，学生に入り込みすぎない，同じ立場になりすぎないところです。先生は先生であるということだと思います。それはこの文章を読んでとくに思ったことです。私がブータンに行った3回それぞれの感想・気づきの違いは，私にはうまく表現できなかったですが，先生はそれを一人の学生が渡航に行って感じたこととしてみてくださっていました。比較して，その成長をうまく言語化してくださり，逆に自分の気づきを教えてくださったところはとてもよかったと思います。二つめは，数人の勉強会のようなどんなに小さな活動でも続けることをとても大切にされていることです。何人かでブータンについて話したり，テーマについて議論したりすることが，どれくらい社会に影響があるかは別の問題として，活動を長く続けることでみえてくる課題がある。それは，

先生がよく感じられているところだと思います。私たちは一回やってうまく成果が出なかったらすぐやめてしまうのではないかと思います。自分のプロジェクトだと，諦めてしまったり，自分たちがやったからには何かしら成果を出さなければならないという責任感があったりします。とくに自分はリーダーでもあるので，1年間やってきて「こういう活動をしてよかった。今年も1年間終わった」というような感覚にならないと落ち着かないということもあります。しかし，先生はそのような考え方をされないのではないかと思います。長く続けていくなかで，少しでも気づきがあればそれは大きな成果だという考え方をされているところは，やはり学生には感じにくい部分だと思います。

　河井　それを受けて，何か変化は生じていますか？

　櫛部　私は最初にブータンに行ったとき，行って話を聞いて自分がメモを取ったりすることはそこまで必要ないのではないかとも思いました。しかし，先生は文章としてきちんと記録にするのがとても大事だということをよくおっしゃっていました。自分が3回目に行って，もう一度，1回目のときの自分の文章をみると，自分はあのときこう感じていたのに，3回目は慣れがあって，うまく発見できなかったり，新しい視点で物事をみることができなかったりすることにも気づかされました。記録する大切さも教えてもらったと思います。

■ 3-4　「あなたはどう思う？」（兵藤先生）

　相原　兵藤先生によく，ミーティング中に，「あなたはどう思う」と振られるのですが，それがこわくてしかたがないのです。感じたことを相手にきちんと伝わるように自分で話すのは，ふだんの生活のなかではあまりしていないと思うのですが，延々と聞いてさらに深ぼりしてくるのが兵藤先生のよいところだと感じます。

　河井　今の話を文字に起こすと，こわくて，でも結局よいところだとなってしまうのですが，「よい」のですか？

　相原　自分はあまり感情を表に出さないので，自分が感じたこと・内面をまわりに言うこと自体がいやです。でも，兵藤先生に言われながら自分の言葉で喋ったときに，今までの生活にはなかった，浅いところではなく深いところで共感を得られるという感覚に気づけました。自分の言葉できちんと説明すれば伝わり理解されることに気づかせてもらえたので，それはとても大きかったと思っています。

　河井　今，「浅いところじゃなく深いところで」と言ってくれましたが，どう違うのでしょう。

相原　たとえば，人によってこの感覚は違うとは思うのですが，映画を観た後に感想を述べ合うのは自分にとっては浅いと感じます。逆にパラプロで障がい者問題などについて考えるのは深い部類に入ると思います。映画は自分にとって観たままを感覚で受け取るものでふり返り，立ち止まって熟考するものではないのです。しかしパラプロで求められるのは自分の経験などをもとに立ち止まり深く考えることです。この違いを自分は浅い，深いの違いだと捉えています。

■ 3-5　先生たちのスタイル

河井　今聞いていて思ったのですが，兵藤先生は「あなたはどう思う」，二文字屋先生は「よいか悪いかは別として」という，キーフレーズ，決め台詞のようなものがありますが，岩井先生，平山先生の場合はどうでしょう。岩井先生はどうですか。

岩瀬　否定はしないというところでしょうか。「いいと思うよ〜」というような。狩り部時代も，最初の4月頃に，今年1年やりたいことで，学生がみんなで「あれやりたい，これやりたい」というふうになっていました。でも先生は「いいと思うよ〜」とおっしゃるので否定をされたことがないという印象です。

河井　ありがとうございます。平山先生は出ましたか？

櫛部　「やっちゃいましょうよ」でしょうか。それはたぶん，「やっちゃいましょう！」であって，「やりましょう」とかではないと思います。私たちが「それもいいんじゃない？」「ああそれ良さそうだね〜」というようになんとなく終わるのを，先生は，「もうそれ実行しちゃいなよ」という意味で，「やっちゃいましょう」といつも言っているなと思います。

河井　やはり一人ひとり何かありますね。

4　仲間から学んだこと

河井　米くんの話に，仲間同士の体験のなかで，二文字屋先生の言語化を超えていこうという話になったというエピソードがありました。少し視点を変えて，他の仲間から受ける影響にはどのようなものがあるのかについて一人ずつ話してほしいのですが，どうでしょう？

■ 4-1　狩りに対する多様な価値観

岩瀬　狩り部のメンバーでいうと，興味も学年も学部もバラバラで，社会人の方

もいらっしゃいました。私は動物の共生というところから入りましたが，ある人は食育から入ったりしていました。食育から入った人だと，「獲った肉はおいしくいただきたいよね」ということで，料理会をやったりしていました。視野が「共生」だけじゃなくて，「じゃあおいしく食べようよ」「お店とコラボしたい！」という人もいて，活動の幅が狩りだけにとどまらないというところは，とても面白かったと思います。また，狩り部のメンバーではない仲間もいます。それは早稲田の狩猟サークルだけではなく，東大の狩猟サークルが主体となってここ数年で組織された「学生狩猟連合」です。北海道から九州までの学生が集まっています。同じ「狩猟」という枠組みではありますが，先ほどの価値観の話に関連して，「狩猟をなぜするのか」「学生が狩猟をすることによって，どのような意義があるのか」について，人それぞれ価値観が違います。狩り部では「中山間地域への貢献」でやっていますが，純粋に「狩りをやりたい」という関心からきているサークルもあります。そのように，価値観が広がったと思います。

■ 4-2 「的確に任せる」リーダー像

米　メンバーと過ごして，自分のなかの理想のリーダー像が変わっていったと思います。僕は，今までリーダーというと，的確に指示を出す，能力で引っ張る形を想像していたのですが，「的確に指示を出す」というより「的確に任せる」ほうが絶対によいと思うようになりました。実際，できないところがあった方が人間らしくて，メンバーもサポートしてくれます。だから自分が何でもやるというより，「ここは君に任せるから」というのです。たとえば，料理のできる女子に献立から調理方法まで全部任せると言ったら，やる気になったということがあります。第1回目のときは，献立は僕が考えて，「これを食べたい」と言ってしまっていたのですが，それよりも，任せることにしました。買い物も，その子の指示に従って「指示してくれ」と言ったほうが，僕が考えていたものよりもよいものが出ることもあるし，うまくチームが回る，というときもあります。それが第1回でわかったので，第2回のときには絶対に指示をしないことにしました。そういった仲間の反応から，自分がどのようなリーダーになればよいかを学びました。

■ 4-3　経験の違いが生む気づきの違い

櫛部　私たちのプロジェクトでは，海士町とブータンに行って初めてわかることがあります。だから，ブータンに行ったことのない人に対して，次にブータンで何

をするかと話したときに、何もわからない状態なのです。それに対してどういうふうに教えていけばいいのかと迷うことはたくさんあります。正直、ブータンも海士町も1回行ってからでないと、プロジェクトとして、しっかりコミットしてもらえないと、私はリーダーになったときに思ったのですが、最近それは違うと思ってきています。それは、この文章にも書いたことですが、みんな同じ経験をすると、同じような気づきになってしまいます。自分も東京生まれ東京育ちというバックグラウンドがあったから、地方に行ったときにギャップでみえるものや気づきがありました。ブータンに初めて行く子と一緒に行動していると、3回行って慣れがある私にはない感覚でいろいろな質問をガイドさんにしたり、「あれって不思議ですね」とガイドさんに言えたりするのはある意味うらやましく思います。また、海士町に行ったことのない人は、地方創生の成功事例という先入観がないので、「確かにこういうところはいいけど、島だからできることであって、ブータンという大きな国でやろうとすると限界がありますよ」と指摘しています。それは、それぞれがブータンに行っていたり行っていなかったり、海士町に行っていたり行っていなかったりする経験の違いがあるからこそ出てくる気づきの違いかなと思います。今はそれをプラスに捉えているのは変わったところだと思います。

■ 4-4 できない部分があってもいい

相原　自分は人に伝えるのが本当に苦手で、あまりうまく話せなくて、そういう印象で自分をみています。昨年のこの時期なのですが、同期の女子で、切れ者で議論が得意で、先輩にもガンガンかみつく子がいて、その彼女をみていて、「やばいな。自分もできなきゃどんどんおいていかれちゃうな」と思っていました。それをみて、当時のリーダーのショウタさんが、「お前は普通にいればいいんだよ」ということを言ってきたのです。そのときに、リーダーのあり方には「人をみる力」がとても大事な部分なのだと気づきました。

河井　言われたときどう思ったのですか？

相原　自分のなかにあった焦りは、まわりのメンバーからみればそれほど大きいものではない。「できない部分があってもいい」というコンセプトの団体でもあるので、そこを気づかせてくれたという点で、ありがたい存在でした。

06 学生たちのこれから
参加学生のインタビュー：2

岩瀬詩由・米　伶太・櫛部紗永・相原悠伸
聞き手：河井　亨

　本章では，前章に引き続き，早稲田ボランティアプロジェクト（以下，ワボプロ）参加学生の座談会の様子を紹介する。

　前章では，ボランティア体験が語られてきた。本章では，それを踏まえて学生たちがこれからの未来をどのように展望しているかを語り合っている。進行は引き続き，河井亨（立命館大学）が務める。

1　学生たちのそれから①：プロジェクトで得たもの

　河井　前章では，先生と一人の学生との関係だけになっても，プロジェクトの姿をうまく映せないと思ったので，仲間からの影響も聞かせてもらいました。ここからは，プロジェクトを通して自分が，どのように変容していったかを聞きたいと思います。その前に，大学生活のどのようなところに活動を広げていったとか，波及効果があったとか，影響を及ぼしているかを教えてください。まず自分のどんなところに影響を及ぼしたのでしょうか。

■1-1　多様な価値観を認めること

　岩瀬　私が狩り部で変わったことの一つとしては，価値観に正しさはなく，人がもっている価値観を否定するものではないという学びを得たことです。それがいかされたところとして，この文章にもありますが，活動への母親の反対に対して，自分なりの言葉で母親の価値観を否定せずに説得して認めてもらえた体験があります。また，「動物守ろうよ」「なんで狩猟なんかやっているの？」と言うまわりの反対派の人たちに対して，今までは説得するのも面倒で，「でも肉おいしいよ」と流して少

し距離をおいて,「わからないならいいよ」と突き放したようになっていました。一方で活動の後には,相手のことは否定しないけれど,「こういう困っている人がいるから,こういう活動をしているんだよ」と,きちんと自分の気持ちも伝えてまじめに説得をするようになったのが一番大きい変化かなと思います。

　河井　それは時期とか,明確なきっかけがあったのですか？

　岩瀬　きっかけというと,母親との話です。母親はどうしても放っておけないじゃないですか。だから,とりあえず活動していくうえでも説得していかなければならないこともあって,母親を説得し始めたくらいの時期です。

■ 1-2　差異ではなく共通項を探すこと

　米　僕は本当にものの見方が変わったのが一番です。第一回と第二回と,二回行くことができて,そのなかで大きく変わったところがあります。第一回では行くまでの生活との「違い」にしか目が向かなかった。たとえば,風呂がない,言葉が違う,寝るときに大きなトカゲが出るといった違いにばかり目がいってしまった。でも第二回になって,そういうのにも慣れてくると,変わらないものがみえてきます。それは,たとえば暑いなか作業した後に冷たいコーラをムラブリの人とシェアして飲むときの幸せです。それから,作業の後に食事を作って食べますが,それもすごく楽しみです。これは,日本人もムラブリの人も,バックグラウンドに関係なく共通の幸せなのだと思いました。二回行ったことによって,共通項を探すのがうまくなったと思います。日本の大学生として生きていて,今までは「違い」に目が行きがちでしたが,この人と自分の好きなものは何だろうということをみようとしてみると,小さな差異に目がいかなくなりました。だから,この活動を通して,人とのコミュニケーションがうまくなったと思います。

　河井　実際にうまく関係がつくれたというエピソードがあれば聞かせてもらえますか。

　米　人とぶつかることがなくなったのが大きいです。先ほども言ったように,第一回では,先生やメンバーとぶつかっていましたが,第二回では人とぶつかることがなくなりました。それは,自分が共通のものをみつけて,それに目を向けるようになったからではないかと思います。コミュニケーションがうまくいった,というよりも,コミュニケーションの失敗が減ったというほうが正しいでしょうか。

　河井　それはムラブリの活動のなかの話だと思いますが,帰ってきてからは？

　米　友達と話すときにも,趣味などが合わないと,友達ではないとまでは言わな

くても，盛り上がらないでそのまま終わってしまうところがあったのですが，なんとかして，いや，なんとかするわけでもなく，うまくなりました。具体例はすぐにエピソードとしては話せませんが，「この人は何が好きなんだろう」などと自然と考えて，話が続くようになった。実際に生きやすくなったと本当に感じます。
　河井　ありがとう。そういうところにもつながっていくのですね。

■1-3　自分の目で見て考え伝えること

　櫛部　鵜呑みにしないということでしょうか。今までブータンや海士町について学ぶなかでよいイメージや印象ばかりが先行し，現地に行っていないにもかかわらず，それが真実だと思ってしまうことが多々ありました。たとえば「海士町は地方創生の成功事例である」とか「海士町からこういうところを学べるからいかさなくては」という，先入観のようなものです。しかし，現場に行ったり，現地の人の話を聞くなかで，はじめてリアルな課題がみえたとき，それに対して自分の考えをもつことができました。人から聞いたり，世間的な評価のすべてが正しいわけではないことを実感したからこそ，自分の考え方を確立できるようになりました。

　これはボランティア以外でも，それこそ日々のニュースや，自分の就職活動のなかでも思ったことです。自分の意見をもてるようになったのは成長したところだと思います。また，そういうふうに自分の考え方ができてくるのがわかったからこそ，自分の目で見たり，自分の言葉で表現したり，自分の心で感じたりすることが，大切なのだと改めて強く感じるようになったと思います。

■1-4　答えを焦らず考え続けること

　相原　ワボプロでの活動では，答えが出ないことの方が多く，それに対して，今までは，いろいろなことを知ってすぐに答えをみつけたいと思っていました。しかし活動を重ねて，答えを焦らずに考え続けられるようになったのが，大きく変わったところだと思います。高校のとき，自分は野球をやっていて，結果を求められる日々でしたが，そういうところでも，今の自分だったら，地道に先をみて行動できたのではないか。練習でもすぐになんとかなりそうなことをやるのではなく，きちんと土台を作るなど，そういうところが変えられたのではないか，と今は思っています。

　河井　その「考え続けられるようになった」というのは，具体的に日常生活のどんなところですか？

相原　人間関係についてよく自分は考えるのですが，たとえばワボプロじゃないサークルにも入っていて，そこの人たちとの関わりのなかで，好き嫌いをはっきり言う子に対してまわりはあまりよい印象を抱かないのですが，そこで自分は一歩引いて，彼がそういう発言をするのには背景に何かあるのではないかというような捉え方ができるようになったというところでしょうか。

河井　違う活動の人間関係でも経験がいきてくるのですね。ありがとうございます。

2　学生たちのそれから②：現在の大学生活

河井　もう少しだけ，このワボプロでの経験がどんなところに影響を与えていっているのかについて聞きたいです。君たちの先輩たちに聞いたことなのですが，「ワボプロのみなさんって，これだけをしているわけではないよね？」「大学って行っているよね？」という話をしていると，そういう話がグッと出てくると思うのですが，大学での勉強って……「全然考えてないですよ！」という先輩もいたし，やっていないにしても，どういうふうに取り組んでいるかを聞くと，「こんなところにもしかしたら影響があるかもしれませんね」という話も出てきました。大学生活にどのような関わりがありそうか，今思いつく範囲で，「こんなところにもしかしたら影響があるかも」というのがあれば，聞きたいです。詩由さんはダイレクトに関わりがあるので，話しやすいかもしれないけど，みなさんはどうですか？

■ 2-1　ボランティアから研究へ

岩瀬　私はアフリカでの経験があって，動物との共生をボランティアという側面だけではなくて，学術的な面でも解き明かしてみたいと思って，大学院で獣害問題の研究をやっているので，そのまま自分のやりたいことをやり続けてしまったという感じです。「そのまま」と言ってしまえば終わるのですが，どういった影響が出ているかというと……。

河井　どこに影響があるのでしょう？　たとえば，進路を選ぶということは，アフリカでの経験が関わっていると思いますが，それ以外のところ，研究にどのように関わってきたのでしょうか？

岩瀬　私は鴨川市で狩り部の活動をしているのですが，研究のフィールドもそのまま鴨川市にしています。今までならつらい状況に対して寄り添う，それこそ当事

者意識が強かったのですが，研究の側面も出てきたことで，真逆になってきたこともあると思います。より客観的に，獣害問題をみることができました。問題をより俯瞰的に捉えるという点で，動物対ヒトではなくて，ヒトとヒトの共生ができていないのではないか，という疑問点がみえてきました。

河井　少し書かれていたことですが，感情的に寄り添うだけではなくて，研究として取り組むことで，問題の捉え方が広がっていったということですか？

岩瀬　それに対して（岩井）雪乃先生も「こういう文献あるよ」とか，そういう学術的なアドバイスとかもくださいました。

河井　「一緒にやろうよ〜」と同じ調子で「こういう文献あるよ〜」という感じでしょうか。そういうところは岩井先生の人柄というか。

岩瀬　ゆるい感じで的確なことをしてくださるという感じです。人間対人間という視点もそうですし，「一括りで動物，ではないよ」という話もしてくださったりしました。今までは主観的に「その人の気持ち」にクローズアップしていました。しかし，もっと引いてみてみたときに，人間と人間の関係となると，権力や政治のようにどす黒い部分もある。そうなるとまた研究ではない視点が必要になってくるのだろうと思います。それは社会人になってから学んでいこうと思っています。

■ 2-2　企業選びで譲れないもの

米　僕は就職活動をどうしようかと考えたとき，現場を大事にする会社に行きたいと思っています。今はネットが普及して，気温とか，何をもっていったらよいかとか，ある程度現地の情報が入ってきますが，それでわかったような気になってはいけません。だから，現場を大事にしたいと思います。それは，印象に残った実体験があるからです。一回目のとき，僕たちは本当に何も計画しないで，ミーティングもしないで，とりあえずメンバーだけを集めて，二文字屋先生が「行くぞ」という状況でした。僕はそのなかでリーダーだったので，「これ本当にボランティアする気あるのかな」と思っていました。実際に住環境を整え始めると，雨季だったので崖でぬかるんで転ぶのです。そこでなんとかしなければと，初めて「階段を作ろう」と現場で企画しました。現場で企画して，現地の人と相談して，「じゃあ現地の人たちと協力してやろう」となったのが階段作りでした。もう一つは比較対象があるのですが，たとえばムラブリの学校についてです。これはムラブリも教育を受けたほうがよいということでタイ政府が作った学校です。しかし実態はどうかというと，行く人もいる一方で，途中で帰ってきたり，行かなかったりする人もいます。

要するに、使われていないのです。それはなぜかというと、バンコクには学校があるからムラブリも学校をおいたほうがよいのではないか、と自分たちと比較して開発をしてしまったからではないかと思います。僕たちはどのような開発・サポートをしたかというと、寄り添う形でやりました。現地の人たちと話して、実際に自分たちが苦労してやりました。また、別の団体が現地で作ったピザ窯があったのですが、それもまったく使われていませんでした。なぜかと考えると、その人たちもやはり、自分たちを基準にムラブリを比較し、「ムラブリにないものを作ってあげよう」と考えたからではないかと思います。ですが、二回目に行ったときに、僕たちが作った階段は使われていました。日常に溶け込んでいたのです。これは、実際に現地に行って経験して、困難を変えようとしたからこそ彼らは使ってくれるということです。だから、今はパソコンとかでわかるからといって現地に派遣する人の費用を縮減するような会社には、行かないという一つの軸ができたと思います。

　河井　企業選びの方向性というか、これは大事にしたいなということがわかったということですね。

■ 2-3　ボランティアと法学の間で

　櫛部　ボランティアは困った人を助ける、寄り添うといった直接的な支援ができる点でとても大事だと思いますが、一方で、ボランティアですべてを解決しようとするのは限界があるということも実感しています。とくに地域活性化を図るなかで、過疎化、人口流出、貧富の差といった大きな課題に対して向き合うとき、ボランティアだけの力で根本的な解決をはかることは非常に難しいです。自分は法学部なので、法律を学ぶなかで、法律にしか変えられないところがあるのではないかと思いますし、国の政策として地方に働きかけなければ変わらない問題もあると感じています。だからこそあまたんの活動をしているときに、それらの問題と現状を受け入れた上で自分には何ができるか、という表面的な活動でしかないのだなという葛藤もありました。いまは実際に自分がボランティアをしたからこそ、ある問題の解決を図ろうとするときのアプローチは、一人の人間にできることと国や法律で規制しなければいけないアプローチとを分けて考えるべきだと思っています。そう考えると、日々の大学での学びは、自分が今までやってきたボランティアの枠では捉えきれない、法律でなければできないアプローチだという視点で学ばなければならないのだろうと思います。逆に法律を学びながら、ボランティアで出会った現地の人たちの視点でこの法律では困るだろうと気づくこともあります。すべての人を幸せに

する法律を定めることは難しいですが，それでも法律がなければ社会の秩序やルールは決まらないのだろうな，と葛藤する日々です。

　河井　答えにくい仮定の話ですが，その点は，活動していなかったとしたらどのようになっていたのでしょうか。

　櫛部　そもそも疑問をもってなかったのではないかと思います。現場について知らないことになるので，法律を勉強したときに，きっとこの人たちはこういう権利がなくなるだろうとか，そういったことにまで考えが至らなかったかもしれません。

■ 2-4　授業選択の軸

　相原　自分はパラプロでの活動で，社会問題の根底にはたいがいマイノリティが存在していると感じたので，純粋にとりあえずいろいろなことを知りたいと思って，マイノリティ関連の授業を多く取るようになりました。学部が社会科学部なので，いわゆる何でもできる学部で，今はジェンダースタディと国際関係も，それからコミュニティデザインのところでもよく「マイノリティの声というのがこれからの社会では大事なんだ」というようなことを聞きます。

　河井　そういう授業のときは，パラプロのことを考えたりしますか？

　相原　パラプロのことはとくには考えませんが，マイノリティ側にいる人たち，とくにジェンダーについては，わかりやすく自分と性に対する感じ方が違うという理由で，差別されている人たちなので，差異を受け入れる考え方はパラプロの考え方と近いのかなと思いながら授業は受けていますね。

　河井　パラプロをやってなかったとしたらどのようになっていたでしょうか？

　相原　やってなかったとしたら，そもそも授業を適当に組んで，わざわざ取っていなかったと思います。「単位取れればそれでいいや」と，自分の興味に関係なく楽に単位が取れそうな理由だけで授業を選んでいたと思います。

■ 2-5　活動していなかったら

　河井　詩由さんは，アフリカの経験があるから長いと思うのですが，活動していなかったとしたらどうでしたか？

　岩瀬　現地に行く機会が減っていたかもしれないと思います。自分一人で何かしようと思ってもある程度限りがありますが，狩り部にいることによって現地とのつながりのきっかけができますし，仲間や先生方と一緒にやることによって，きっかけになるだけではなく幅や深さが違ったのだろうと思います。

河井　ありがとうございます。米くんはどうですか？

米　授業は毎回出ているし，これをやる前も，自分で言うのも何ですが，まじめでした。だから，これを取っていなかったらと考えると，英語はやっていなかったかもしれません。今は英語を一生懸命勉強しているのですが，なぜかというと，タイ人の研究者たちと英語で議論するときや，ムラブリとタイ語で会話するときも，先生に通訳を任せっきりにしていたからです。現地のニーズが大事だと言ったにもかかわらず，現地の人の声を生で聞いていませんでした。先生の声を通して聞いているため，このままではスジが通っていないと思っていました。だから次の渡航は僕はあえて行かないと言って，カナダに一ヶ月行くことにしました。それは自分でニーズを把握することができなければ，現場を大事にしたいという発言が矛盾すると思うからです。だからこそ，語学に対する意識というのはこの活動をしていなかったらなかったかもしれません。

河井　なるほど。そういう意味での英語なのですね。そこてつながっているのですか。ありがとうございます。

3　学生たちのそれから③：これからの期待

河井　では，これからの人生，就職活動やその先について，この経験がどのように影響を及ぼすか，予想や期待を教えてもらえますか？

■ 3-1　異なる価値観の人たちをつなげたい

岩瀬　私はいろいろな価値観があるなかで，一つの価値観に固執しないとか，否定しないということを学びましたが，さらにいうとその人たちをつなげたいと思っています。もともと私は動物が好きで，動物愛護側から動物を狩る側に飛び込んで，それぞれの意見や立場を知っているからこそ異なる価値観をもつ人たちをつなげたいと思ったのです。これから就職活動をしていくなかでも「つなげたい」という思いがあります。たとえば業界と業界をつなげたり，それで新しいものを作ったり，よりよいものを生んだり，ということができるかもしれないと思っています。価値観を否定しないことや認めることをこの活動で実感したからこそ，自分はどちらにも理解がある人間でいたいというところがあります。漠然としてしまいますが，自分がつなげる役割になって，よりよい社会を作りたいのです。

河井　具体的なターゲットやこういうことをまずはやっていきたいということに

はまだ絞れていませんか。

　岩瀬　そうですね。私は自然が大好きで，山に暮らしたいというくらい好きなのですが，それだけでは一つの価値しかみていないことになるので，真逆のITや課題解決でシンクタンクで絞ってみたいと思っています。狩り部に入ったきっかけもまったく反対方向からというところがあるので。

　河井　両方つなげられるようなお仕事にしていくわけですね。ありがとうございます。

■ 3-2　共通の幸せ，食で世界に貢献したい

　米　僕は先ほど，共通の幸せを見出したと言いました。それは食だったのですが，よく考えると，このボランティア以外でも，たとえばいやなことがあったりすると，友達とかに「おいしいもの食べに行って元気出そう」と言いますし，また，受験に合格したりうれしいことが起きると「お祝いにご飯食べに行こう」と言います。そこには食があります。この食というのが，僕たちだけではなく宗教・国籍に関係のない共通の幸せであると気づいて，僕は食で世界をつなぐ，食で世界に貢献したいという思いをもっています。それが物流なのか，それともメーカーなのか，その食の価値を作るのか，それとも届ける側にするのか，自分が開発するのかはまだ決まっていません。しかし，僕は日本人だけではなく，みんなが幸せになることが大事だと考えています。ムラブリの人にもおいしいものを食べてもらいたいと考えています。ただ現状では，3食全部カップラーメンというようなときもあるらしいです。僕も実際にカップラーメンを食べることもありました。それでも食べるということ自体がとてもうれしかったのです。発展するという言い方はあまり好きではありませんが，発展していくにあたって，ムラブリ以外の食が届いていない人たちにも，明日ご飯が食べられるという楽しみで生きてくれるということがあります。食にはすごい力があるなと思ったので，そこで今僕は就職活動というか自分のビジョンを考えています。

　河井　共通の価値を見出したムラブリの経験は，今は食というビジョンにつながっているのですね。もちろんそれだけで決まったわけではないと思いますが，そういうビジョンのところで変わったのですね。

■ 3-3　現場に寄り添う記者になりたい

　櫛部　就職活動でいうと，ボランティアではなく記者になろうと思ったのも，ボ

ランティアの捉え方が自分のなかで変わってきたことが影響していると感じます。先ほども少し触れたのですが，私は，他者に対して無償で奉仕するのがボランティアであるというのは違うのではないかと思っています。自発的にやりたい，会いたい，行きたいといった感覚で行動し，何か学びを得て，それを誰かに話すだけでも十分ボランティアになるのではないでしょうか。そうしてボランティアの概念が変わっていったことに加えて，自分は現場が好きだということも大きな理由です。現場に行かないとわからないことがあるでしょうし，現場で自分の意見を確立したいという思いもあるので，記者という仕事で実際に現場に行ってそこで思ったことを社会に伝えることでよりよくなったらいいなという思いがあります。また，新聞社や通信社をいくつか受けたのですが，自分のやりたいことは新聞記者とは少し違うかなと思いました。なぜかというと，社としての固定的な意見をもって発信するのではなく，自分はあくまで事実を忠実に伝える報道がしたかったからです。ボランティアをしていても，日々の生活のなかでも，他の人が思ったことが自分にとっても同じ意見かと言われたらそうではなかったと思うことがたくさんあります。今振り返ると，通信社を選んだのも，ボランティアで自分が実際に経験してきた人との出会いや意見のぶつかり合いが関係しているのかもしれません。今後の記者生活では，社会の現実を伝えたとき読者や記事を読んだ人がどんな意見をもつのか，ということを大切にしたいと思っています。ほかにも，面接のなかで「寄り添うというと，ボランティアなどを経験してきて寄り添おうとしてきたと思いますが，本当に寄り添えていたのですか？」と聞かれることもあったのですが，自分のなかでは寄り添い方がなんとなくわかってきたと感じています。たとえば，現地に行って自分の疑問を現場の人に質問するとなったときに，記事に必要だからと第三者の目線でただ単に気になっていることを言葉に出すのは，その人の気持ちを考えることができていないと思います。相手の意見やおかれている立場を理解し，想像して，単刀直入に切り出すのではなく，すこし違った柔らかい視点で質問することが必要だと感じています。うまい例がみつからないのですが，自分が実際に経験したことでいえば，私は貧困を脱するもっともよい手段の一つは教育だと思っているので，貧しい人に対して，「子どもに教育を受けさせないんですか？」と聞いたときに，「あなた，お金のない人の気持ちがわかってないのね」と言われました。そのような自分よがりの質問で相手の気持ちを傷つけてしまった経験があるので，これから記者として現場に行って話を聞くときにも，相手の立場や相手が生きてきたなかで考えていること，困っていることを理解したうえで，上から目線になってしまわない質問

がしたいし，上から目線ではない支援がしたいと思っています。

■ 3-4　障がいに対するイメージを変えたい

相原　障がいについて考えると2020年のパラリンピックが一番大きなイベントです。それを経て日本の社会が障がいに対してどのようなイメージをもって，支援のあり方などがどのような方向に動いていくのかが今はとても気になっています。ロンドンのパラリンピックが今までのパラリンピックのなかで一番観客が入って，興行収入も得て，大成功だったといわれています。それはよいことである反面，それと同時にロンドン市民のなかに生まれたある論調もあります。それは，パラリンピックの選手たちに対して超人的なイメージを抱いて，彼らは障がいがあってもできることがたくさんあることに気づいた一方で，自分で何もしようとしない人は怠け者だという論調です。日本でそれが起こってしまったら自分はいやです。日本がどうなるかは，パラリンピックが終わらないとなんともいえませんが，自分たちの役割や，自分が個人としてどうすれば価値観の多様性を受け入れられる人が増えるのかということは考えています。それは自分たちから動画やイベントなどいろいろな発信をしていくことでもありますが，大切なのはその人たちの考え方に入ることだと考えると，そのことを伝えることは非常に難しいと感じます。社会の流れなども考えると，遠回りになるかもしれませんが，自分がこれから教員になり教育の面で活動ができたら一番よいだろうと思っています。

4　未来への願い

河井　本当に考えがさまざまで，こちらも聞きながら考えさせられることが多かったです。最後の質問は聞きながら思いついた質問なのですが，あらためて，どのような未来になればよいか，どのような社会になればよいかということを聞いてみたいと思います。社会がこうなっていくとよいという願いを聞きたいと思います。

■ 4-1　多様な価値観のなかで考える社会に

岩瀬　これまでも何度か言ってきましたが，否定しないことが非常に大切だと思っています。一つの考え方・価値観には背景があるので，それを知らずにただ否定するだけになると，批判にもつながりません。たとえば，「高齢ドライバーは早く運転免許を返納してほしい」というような流れがありますが，たしかに事故は問題で

ある一方で，車がないと生活に困るから免許の返納ができないという方もいらっしゃいます。自分なりの価値観，意見をもっていることももちろん大事ではありますが，だからといって，相手を否定してしまうのは問題です。否定するのならどうするのかということを一緒に考えていけるような，つまり，否定するだけで人任せにするのではなく，異なる価値観があるなかでどうしていくのかという建設的な批判と議論を考えられる社会になればよいのではないかと思います。

■ 4-2 みんなが楽しみをもつ社会に

米　僕は，みんなが何か一つでも楽しみをもてる社会にしたいという願いがあります。ある映画に「人生はがんばって生きるか，がんばって死ぬかしかない」というような言葉が出てきます。社会は楽しいことばかりではなくて，絶対につらいときはあります。能天気にみえる猫でさえ，もし明日食べ物がなかったら，もし鳥に襲われたら……とがんばっていると思います。そのなかで，人間だけが楽に生きられるはずがないので，つらいことをなくして問題解決をするという立場ではなくて，僕が食についての職業につきたいというように，みんなが何か一つでも楽しみをみつけて，それに向かって生きていける社会がよいと思います。

■ 4-3 人に寄り添う社会に

櫛部　自分が記者になるというのもあるのですが，生きづらいと感じている人の声を聞く，寄り添うということにつきると思います。その人の弱音や本音を受け止められるような人が増えてほしいと思います。先ほどもネットの話がありましたが，自分の思っていることをうまく言葉で表現できなかったり，世間の目を気にしてうまく言えなかったり，ネットでしか言えなかったり，Twitterなどの場でしか本音を吐けなかったりする人はたくさんいると思います。自分はボランティアをするなかで，面と向かって人と話して，初めてその人の感情や苦労がわかる，共感できると実感しました。だから，実際にそういう人たちに会って，話を聞いて，少しでも生きやすい世のなかにしていきたいという思いがあります。他人事にせず自分事で捉えるような社会になってほしいですし，さまざまな問題があったときに，先ほども少し話したように，自分なりの考え方や意見を一度もつというクッションを挟んでから，否定したり賛成したりする，そのような社会になってほしいと思います。

■ 4-4　声を届けられる社会に

相原　先ほどから，SNS の話が出ていますが，SNS は，自分の主義主張を簡単に発信できる反面,「言ったもの勝ち」とも感じられます。原因はさまざまあるにせよ，言葉にできない人たちも多くいるので，そういう人たちの声が届く社会になってほしいと思います。またそうして自分の主義ばかりをおしつける人たちが少しでも相手の目線に立てるようになっていくとよいと思います。

■ 4-5　学生たちの力

河井　最後までお話を聞いてきて，最初に「手のひらの上で」という話があったように，先生たちは先生たちで一生懸命に考え，みなさんはみなさんで一生懸命考えていて，そういう関係のなかで経験や意味が紡がれているのだと感じました。要するに，先生たちがんばって，可能性の輪が広くとれたところと，一部取れなくてぶつかったところがあって，そういう関係のなかで経験が生み出されていったのだろうと思います。これはそれぞれの世代で考えて，続けていかなければならない課題であると思いました。以前，みなさんの先輩にも，インタビューをさせてもらって，勉強になりました。彼らは，私とは過ごしてきた人生がまったく違ったので，ボランティアの体験の濃密な話を聞いて,「え！すごいね！」と思っていました。私は大学時代は京都でいろいろな学生と交流できて，自分は研究するというのを早い段階で決めていたけど，すぐとなりでは起業する人がいたり，海外に行く人もいたり，政治家になる人もいたり，ボランティアをやってのめり込んでいる人もなかにはいたりして，ボランティアは縁遠い世界ではなかったのですが，じっくり一人ひとりの話を聞いて,「あー，すごいな」と思っていました。それは今でも変わらなくて，とくに今，ボランティアに取り組むみなさんの活動は密度が濃くて，みなさん自身の迫力に圧倒されました。ありがとうございました。

学生　ありがとうございます。

おわりに

　本書は早稲田大学平山郁夫記念ボランティアセンター（以下，WAVOC）が 2017 年度から取り組み始めた新たな試みである早稲田ボランティアプロジェクト（以下，ワボプロ）の 2 年間の活動の中間報告書である。WAVOC は，なぜワボプロという新たなプログラムを立ち上げることになったのか。その経緯，目的についてふり返っておきたい。

　WAVOC は 2002 年 4 月の発足以来，大学の教育，研究に次ぐ使命である社会貢献活動の推進役を担っている。2002 年 4 月開催の第一回 WAVOC 管理委員会での配布資料「平山郁夫記念ボランティアセンター設立の件」には，その設立趣旨が次のように記されている。

> 　大学は，膨大なボランティア・パワーを有する機関であるにもかかわらず，これまでわが国の大学には，「教育」・「研究」にのみ偏っていた感がある。21 世紀の大学としては，「社会貢献」がこれから求められる責務であると認識する。アメリカでは，大学当局自身が地域社会貢献を行うボランティアセンターを主体的・戦略的に設置し，地域における活動の中核的役割を果たしている事例が少なからず見受けられる。ボランティア活動の実績が大学入学審査の一基準として考慮される例もあり，スタンフォード大学やコロンビア大学では，学長自らがボランティアセンターの最高責任者として活動に深く関わり，大学と社会との接点を求めて積極的な活動を展開している。
> 　社会貢献活動は，人生の節目節目で自己の成長を促し，人と人との交流を生み，社会を活性化することに大きく寄与している。本学に社会貢献活動の拠点をおくことによって，在学生に対しては，グローバルな視野と志を持たせ，地域に根ざした魂と行動力を体得した地球市民へと成長させる契機を与え，47 万校友に対しても，大学が推進する事業に参画する機会を提供することになる。ボランティア活動の理念からも，早稲田関係者に限ることなく，五大学間交流協定校を始めとし広く社会に門戸を開き，また，NPO，NGO 等との連携を含め，社会人（校友，市民）と学生が世代の壁を越えて社会貢献という土俵のうえで力を出し合う場を本学においてあらためて作り出したいと考える。

社会貢献を教育，研究に次ぐ大学の責務であるとし，WAVOC はその拠点としての役割を担うものとして設置された。WAVOC の初年度の活動は，センターが主催するボランティア活動（「主催プロジェクト」）2 件，公募により認められたボランティア活動（「公認プロジェクト」）8 件，ボランティア関連の授業科目の提供（「オープン教育センター提供科目」）3 科目，ボランティアに関する講演会，説明会等（「行事等」）12 件であった。提供された授業科目は「自己表現論」「社会貢献論」「国際ボランティア実践論」の 3 科目で，いずれも専属ではない教員が担当していた。WAVOC の活動はボランティア活動の場あるいはボランティアを介して社会と大学をつなぐ場の提供が中心であったことがわかる。

　発足当初は WAVOC には専任教員の配置はなく，翌 2003 年から助手，インストラクターが配置されたが，いわゆる教授，准教授などの専任教員の配置が実現したのは 2014 年のことである。助手，インストラクターという学生との距離が比較的近い若い指導者たちが WAVOC の活動を実質的に担う形になったことが，WAVOC のその後，とりわけ学生との関係性のあり方を方向づけることになった。彼らが重視したのは学生とともに活動することであった。また，大学という教育機関に設置されたボランティアセンターである以上，何らかの形で教育としっかり結びつけたい。ボランティア活動をやりっ放しで終わらせることなく，学生の成長を促す「ふり返り」，つまり教育的側面をしっかり組み込んでいく。これが彼らの考えたボランティア活動と教育を結びつけた新しい実践のあり方であった。WAVOC でのボランティア活動には原則としてすべてこの「ふり返り」が組み込まれることになった。これを彼らは自ら「WAVOC メソッド」と名づけていた。

　WAVOC 発足 10 年目の活動が始まる直前，2011 年 3 月 11 日に東日本大震災が発生した。WAVOC では震災後の 2 年間で約 3,500 名の学生を震災復興支援ボランティアとして派遣した。大人数の派遣が求められる震災復興支援ボランティアではそのつどの「ふり返り」はむずかしい。岩井（2012）にその苦悩が以下のように記されている。

> 　四月，石巻への連続派遣の会議をしているときに，「ふり返り」の扱いが論点になった。その結果，WAVOC としては，被災地に求められている「より多くの泥かきボランティア」のニーズに応えることを優先させることを決めた。これにより，WAVOC が得意とし，独自性としてこだわってきた「丁寧なふり返り」は，現時点では復興支援ボランティアには実施しないことにした。

とは言え、「被災地でのボランティア」という貴重な経験から、可能な限り学生には気づきを得てほしい。そこで、短期間の活動に組み込めるふり返りとして、帰りの車中での「小グループでの感じたことの共有」「全体への発表」および「ふり返りシートの記入」を実施している。さらに帰京後には、参加者を集めて「東京に帰ってきて感じたこと」のグループディスカッション、ウェブサイトへの報告文の執筆なども、ふり返りの一環として実施している。平時のふり返りには及ばないものの、学生たちは自分たちの経験を考察し議論することで、学びを深めていっただろう。

　「ふり返り」を活動そのもののなかに組み込めないのであれば、活動自体とは別に「ふり返り」の機会を設けることもできる。震災復興ボランティアの活動は「ふり返り」の活動自体からの切り離しの可能性を本格的に考えるきっかけになった。学生たちはボランティア活動だけでなく、さまざまな場面で他者と出会い、新たな体験をしている。多くの場合、それはしっかりとした「ふり返り」がなされることはない。さまざまな種類の体験を対象とすることのできる共通の「ふり返り」の手法を考えられないか。2014年度からスタートした「「体験の言語化」WASEDAメソッド構築のための研究プロジェクト」が目指したのは「ふり返り」の体系化、標準化である。同プロジェクトの成果については『体験の言語化』（早稲田大学平山郁夫記念ボランティアセンター 2016）『体験の言語化実践ガイドブック』（早稲田大学平山郁夫記念ボランティアセンター 2018）として公表されている。ぜひ、本書と併せて手に取ってもらいたい。

　WAVOCでは学生のボランティア活動を支援してきた。その中核となっていたのが自律的に活動を続ける学生ボランティア団体を審査のうえで公認プロジェクトと認定し、WAVOCがさまざまな支援を行うWAVOC公認プロジェクト制度である。毎年約30の団体がこの制度のもとで活動していた。しかしこの制度があることにより、WAVOCの支援の範囲がともすれば公認プロジェクトに限られてしまい、また学生間の交流も公認プロジェクトのなかにとどまりがちになってしまう傾向があった。早稲田大学にはWAVOC公認プロジェクトとは関係なく活動しているボランティア学生サークルも多く存在する。両者を大きく一つのまとまりとし、その全体をWAVOCとして支援していくことの方が、よりボランティアのすそ野を広げることにつながるのではないかとの考えから、2017年度より以下の改革を行なった。WAVOC公認プロジェクトの大学学生部公認サークル化を進めると同時に学

生部公認サークルに「ボランティア」カテゴリを設け，ボランティアを中心に活動している既存のサークルと併せて「ボランティア」サークルとしての大きなまとまりを作る。これら全体を WAVOC が支援する。

　WAVOC 公認プロジェクトのサークル化の目指したものは学生ボランティアのすそ野を広げることである。一方で，WAVOC 公認プロジェクトには助手，インストラクターなどが積極的に関わって学生と共に作り上げたとがった活動がいくつも生まれていた。とがったボランティア活動についてあらためて方向性を明確にし，新たな制度としてスタートしたのが教員の専門性を生かしたボランティアプロジェクトであるワボプロである。ワボプロは教員が主導するプロジェクトである。その目的は以下の通りとした。

1) 教員の専門性を生かし，教育的要素をもって，学生の主体性を意図的に引き出す。
2) 現地の他者との協働のなかで，生き方をつむぎだす力を育成することを目指す。
3) 活動地への貢献はもとより，自己満足に終わらず，WAVOC としての発信力と結びついているプロジェクト。

　具体的な理念や目的は本書の冒頭で記した通りである。2017 年度から現在まで，以下の 7 件のプロジェクトがワボプロとして実施されている。

＊狩り部（2017 年度 –）
＊パラリンピックリーダープロジェクト（2017 年度 –）
・Act あくと――他者の支えになる演劇プロジェクト（2017 年度 –2018 年度）
・Bridge-Rights of the Child（2017 年度）
＊海士ブータンプロジェクト（2017 年度 –）
＊もりびとプロジェクト――ムラブリに学ぶ，世界の始まり（2018 年度 –）
・ISHINOMAKI の朝日プロジェクト（2019 年度 –）
　　　　　　　　　　　　　（本書で報告したのは＊印のついている 4 件）

　本書は，4 件のワボプロプロジェクトについて，教員側からみた各プロジェクトの意図や成果の記述に加え，学生側からみた意図の受け止めや自身の成長について

の語りも記すことで，2年間のワボプロの活動をより多面的に提示しようとしたものである。教員がどのような働きかけをしたのか，それを学生はどう受け止めたのか。意図したように機能していたのだろうか。本書は教員一人ひとりにとってみずからの教育活動をふり返る重要な材料となっている。ワボプロはまだ試行段階である。本書を手に取ってくださった方々と共に，この新しい形の学びをより進化させていきたいと考えている。多方面からのご教示をお待ちしている。

なお，本書を参考にしてワボプロ型の活動を試みたいと考える場合には以下のことに留意していただきたい。現場での活動があれば必ずリスクがある。とりわけボランティアが必要とされている現場は，自然と社会が激しくぶつかり合っている場であったり，社会の矛盾や亀裂がむき出しになっている場であることも多い。そのような場で活動する際には細心の注意が必要であることはいうまでもない。専門的なフィールドを舞台とすることにより，より深い学びの環境を作り出すことができるが，そのためには専門的な知識や経験にもとづいたきめ細かな事前準備が必要である。十全に準備し細心の注意を払っても事故は起きうる。実践の際にはこの点を肝に銘じておかなければならない。また「ふり返り」や「体験の言語化」についても，実践の際にはその方法に関する十分な理解と細心の注意が必要である。

本書で報告した4件の他に，今年度から「ISHINOMAKIの朝日プロジェクト」が進行中である。プロジェクトの目的は「被災地域が歩んできた復興の道のりをヒトゴトではなくワガコトとして捉え，被災の教訓をふまえた学校防災・地域防災を自分自身の暮らす地域で実践し，社会に発信していくことのできる防災人材となること」である。本書で報告した4件と併せて現地への貢献と共に学生の大いなる成長の場となることを期待している。

ワボプロは教員主導のプロジェクトではあるが，活動の主体，学びの主体は学生である。またその活動や学びは現場での多くの方々との関わりのなかで生まれたものである。関係するすべての方々にあらためて感謝申し上げる。ボランティア活動を通した新たな学びに関心をもつ多くの方に本書を手に取っていただけることを願っている。

村上公一

【参考・引用文献】
岩井雪乃［編著］(2012).『学生のパワーを被災地へ！「早稲田型ボランティア」の舞台裏』早稲田大学出版部

早稲田大学平山郁夫記念ボランティアセンター［編］(2016). 『体験の言語化』成文堂
早稲田大学平山郁夫記念ボランティアセンター［編］(2018). 『体験の言語化実践ガイドブック』成文堂

執筆者紹介 （執筆順，＊は監修）

兵藤智佳* （ひょうどう ちか）
早稲田大学平山郁夫記念ボランティアセンター准教授。
担当：はじめに・第4章

二文字屋脩* （にもんじや しゅう）
愛知淑徳大学交流文化学部准教授。
担当：第1章

平山雄大* （ひらやま たけひろ）
お茶の水女子大学グローバル協力センター講師。
担当：第2章

岩井雪乃* （いわい ゆきの）
早稲田大学平山郁夫記念ボランティアセンター准教授。
担当：第3章

岩瀬詩由 （いわせ しより）
早稲田大学大学院環境・エネルギー研究科修士2年。（執筆時）
担当：第5・6章

米　伶太 （よね りょうた）
早稲田大学教育学部3年。（執筆時）
担当：第5・6章

櫛部紗永 （くしべ さえ）
早稲田大学法学部4年。（執筆時）
担当：第5・6章

相原悠伸 （あいはら ゆうしん）
早稲田大学社会科学部2年。（執筆時）
担当：第5・6章

河井　亨 （かわい とおる）
立命館大学スポーツ健康科学部准教授。
担当：第5・6章

村上公一 （むらかみ きみかず）
早稲田大学平山郁夫記念ボランティアセンター所長（教育・総合科学学術院教授）。
担当：おわりに

早稲田大学平山郁夫記念ボランティアセンター

早稲田大学平山郁夫記念ボランティアセンター（WAVOC）は2002年に設立された早稲田大学の附属機関です。設立時より，学生や教職員，現地の方々などの協働のもと，正課と課外のボランティアプログラムを展開しています。これまで多数の学生たちが体系的なプログラムを体験し，世界にはばたいています。

2011年からは，早稲田大学東日本大震災復興支援活動の中核的な役割を担っています。また，2013年より本学全体の中長期目標"WasedaVision150"のもと，全学的な「社会貢献活動」を推進しています。

https://www.waseda.jp/inst/wavoc/

ボランティアで学生は変わるのか
「体験の言語化」からの挑戦

2019年12月30日	初版第1刷発行
2023年11月30日	初版第2刷発行

編　者　早稲田大学平山郁夫記念
　　　　ボランティアセンター
発行者　中西　良
発行所　株式会社ナカニシヤ出版
〒606-8161　京都市左京区一乗寺木ノ本町15番地
　　　　　　　Telephone　075-723-0111
　　　　　　　Facsimile　075-723-0095
　　Website　http://www.nakanishiya.co.jp/
　　Email　iihon-ippai@nakanishiya.co.jp
　　　　　　　郵便振替　01030-0-13128

印刷・製本＝ファインワークス／装幀＝白沢　正
Copyright © 2019 by Waseda Unversity The Hirayama Ikuo Volunteer Center
Printed in Japan.
ISBN978-4-7795-1412-8

本書のコピー，スキャン，デジタル化等の無断複製は著作権法上の例外を除き禁じられています。本書を代行業者等の第三者に依頼してスキャンやデジタル化することはたとえ個人や家庭内での利用であっても著作権法上認められていません。

ナカニシヤ出版◆書籍のご案内

表示の価格は本体価格です。

パラスポーツとボランティア

大学生，パラアスリートと出会う　兵藤智佳・花岡伸和［編著］　パラアスリートたちを支援する活動を通して大学生たちは何を感じ，考えたか。車いすに乗ったアスリートはそれにどう答えたか。　2200円＋税

人類学者たちのフィールド教育

自己変容に向けた学びのデザイン　箕曲在弘・二文字屋脩・小西公大［編］　この不確実な世界を生き抜くには何が必要か。「フィールドワーク教育」を気鋭の人類学者たちが徹底的に実践することを通して思考する。　2400円＋税

フィールドワークの学び方

国際学生との協働からオンライン調査まで　村田晶子・箕曲在弘・佐藤慎司［編著］　多様な学生に配慮し，オンライン活用も踏まえた，新しい時代の変化に対応したフィールドワークを学ぶための実践的な参考書。　2200円＋税

ボランティア・難民・NGO

共生社会を目指して　内海成治［著］　国境を飛び越す者たちが世界を変える。長く国際協力に携わってきた著者による共生社会実現の鍵となる三つのキーワードを巡る。　3500円＋税

学びの発見

国際教育協力論考　内海成治［著］　ケニア，アフガニスタン，ウガンダ，東ティモール……。三十五年を超える国際教育協力歴を持つ著者の，残すべき記憶と記録を集成。　3300円＋税

緊急人道支援の世紀

紛争・災害・危機への新たな対応　内海成治・桑名恵・大西健丞［編］　OCHAやUNHCRなど主要機関の解説から，東日本大震災やロヒンギャ難民など内外の実践報告まで，一冊で緊急人道支援の今を紹介。　3800円＋税

国際ボランティア論

世界の人々と出会い，学ぶ　内海成治・中村安秀［編］　青年海外協力隊のあり方，帰国後の隊員のケアから，各国のボランティア事情まで，国際ボランティアの意義とこれからを考える。　2400円＋税

つながりが生み出すイノベーション
サードセクターと創発する地域　菅野拓［著］　東日本大震災復興において大きな役割を果たしたNPOなどのサードセクター。そのネットワークを詳細な調査をもとに明らかにする。
3800円＋税

災害対応ガバナンス
被災者支援の混乱を止める　菅野拓［著］　日本の災害対応が混乱する原因を構造的に明らかにし，より良い災害対応ガバナンス構築のために災害救助法の改正を提言する。
2000円＋税

大学における海外体験学習への挑戦
子島進・藤原孝章［編］　様々なプログラムを記述・分析する「事例編」と学習を総合的に検討する「マネージメントと評価編」を通してよりよい実践をめざす。
2800円＋税

住民と行政の協働における社会心理学
市民参加とコミュニケーションのかたち　髙橋尚也［著］　地域において住民が公共的役割を担っていくために──住民と行政との間のコミュニケーションに関わる心理学要因を分析，検証する。
5700円＋税

コミュニティの社会心理学
加藤潤三・石盛真徳・岡本卓也［編］　災害や犯罪，子育て，インターネットなどコミュニティに関わる社会心理学のテーマ・トピックを理論から実践まで網羅して易しく解説。
3000円＋税

病気の子どもの心理社会的支援入門【第2版】
医療保育・病弱教育・医療ソーシャルワーク・心理臨床を学ぶ人に　谷川弘治・駒松仁子・松浦和代・夏路瑞穂［編］　医療供給システムの変化や専門職に関する新たな動向，コミュニティ，ボランティア，臨床心理士などに関する解説を追加した改訂版。
3200円＋税

社会的子育ての実現
人とつながり社会をつなぐ，保育カウンセリングと保育ソーシャルワーク　藤後悦子［監修］　孤立する親子，過重労働の保育者。誰もが「一人じゃない」社会はどうしたら実現できるのか。支援に必要な知識を提供する。
2400円＋税

西アフリカ・エボラ危機 2013-2016
最貧国シエラレオネの経験　岡野英之［著］　エボラ危機とはどのような経験だったのか。恐るべき感染症に〈人類〉はいかに対処したのか。人類学者が綿密な調査を通して描き出す！
2800円＋税

被災した楽園
2004年インド洋津波とプーケットの観光人類学　市野澤潤平［著］　2004年インド洋津波の被害を受けた観光地プーケット。被災した観光地では何が起き，観光業の関係者は何を感じどう行動したのか。　　　　　　　　　　　　　　　　　　2800円＋税

災禍をめぐる「記憶」と「語り」
標葉隆馬［編］　公的な記録からこぼれ落ちていく，災禍をめぐる経験や感情，思考。それらを社会に留め，記憶を継承していくにはどうすればいいのか。　　3600円＋税

防災心理学入門
豪雨・地震・津波に備える　矢守克也［著］　常に防災を意識し備えるためにはどうすればよいのだろうか。防災活動をわかったつもりで終わらせない，防災心理学入門エッセイ。　　　　　　　　　　　　　　　　　　　　　　　　　　　　1900円＋税

防災ゲームで学ぶリスク・コミュニケーション
クロスロードへの招待　矢守克也・吉川肇子・網代剛［著］　阪神淡路大震災での神戸市職員の実体験を基に，災害時の対応をシミュレーションするカード教材「クロスロード」の全貌。　　　　　　　　　　　　　　　　　　　　　　　　　2000円＋税

〈生活防災〉のすすめ
東日本大震災と日本社会　矢守克也［著］　東日本大震災に生きる，地域と地域，人と人のつながり。災害とともに生きていくために，日々の生活の智恵と工夫を改めて見直す。　　　　　　　　　　　　　　　　　　　　　　　　　　　　　1300円＋税

クロスロード・ネクスト
続：ゲームで学ぶリスク・コミュニケーション　吉川肇子・矢守克也・杉浦淳吉［著］　災害対応カードゲーム教材「クロスロード」。ゲームの紹介，防災教育におけるゲームの活用意義と課題を論じ，防災ゲームの展開を示す。　　　　　2500円＋税

天地海人
防災・減災えっせい辞典　矢守克也［著］　いつ起こるかわからない自然災害に常に備える心構えと災害後の未来に勇気を与える，天・地・海・人4部のエッセイとキーワード。　　　　　　　　　　　　　　　　　　　　　　　　　　　　　1700円＋税

リスク・コミュニケーション・トレーニング
ゲーミングによる体験型研修のススメ　吉川肇子［編］　災害や感染症の流行などの危機事態においても冷静にコミュニケーションがとれるようにするためのトレーニング・テキスト。　　　　　　　　　　　　　　　　　　　　　　　　2400円＋税

オルタナティヴ地域社会学入門
「不気味なもの」から地域活性化を問いなおす　渡邉悟史・芦田裕介・北島義和［編著］　「不気味なもの」を補助線に地域活性化の枠組みを問いなおし，まごつきながら農村・地域社会のリアルに迫る新たな地域社会学の入門書。　　　　　　　　　　　2400 円＋税

移民から教育を考える
子どもたちをとりまくグローバル時代の課題　額賀美紗子・芝野淳一・三浦綾希子［編］　私たちの「当たり前」を問うために。日本における移民の子どもたちとその教育を網羅的かつ体系的に扱った初の本格的なテキストブック。　　　　　2300 円＋税

サイレント・マジョリティとは誰か
フィールドから学ぶ地域社会学　川端浩平・安藤丈将［編］　現地を歩き，出会い，話を聞き，現実へと一歩踏み込む。地域社会という言葉が覆い隠してしまう私たちの想像力を再び活性化するために。　　　　　　　　　　　　　　　　　　2300 円＋税

交錯する多文化社会
異文化コミュニケーションを捉え直す　河合優子［編］　日常のなかにある複雑なコンテクストと多様なカテゴリーとの交錯をインタビューやフィールドワーク，メディア分析を通じて読み解く。　　　　　　　　　　　　　　　　　　　　　　　2600 円＋税

医療とケアの現象学
当事者の経験に迫る質的研究アプローチ　榊原哲也・西村ユミ［編］　医師，看護師，対人援助職，患者やその家族――医療やケアにかかわるさまざまな当事者の経験を「現象学」によって克明に描き出す。　　　　　　　　　　　　　　　　　　3000 円＋税

遺伝学の知識と病いの語り
遺伝性疾患をこえて生きる　前田泰樹・西村ユミ［著］　当事者たちは病いの経験や遺伝学の知識をどのように語り，共有したのか。社会学者と看護学者が質的研究から経験の語りに忠実に迫る。　　　　　　　　　　　　　　　　　　　　　　　2700 円＋税

「進化」する身体
筋ジストロフィー病棟における語りの現象学　石田絵美子［著］　筋ジストロフィー病棟の患者たちは，進行性の疾患を抱えながら，同じ病気の兄弟や仲間とともにいかに入院生活を成り立たせているのか。　　　　　　　　　　　　　　　　3800 円＋税

ケアの実践とは何か
現象学からの質的研究アプローチ　西村ユミ・榊原哲也［編著］　看護，ドナー，助産師，統合失調症，養護教諭，リハビリ――広く多様な「ケア」の豊かな営みの諸相を明らかにする。　　　　　　　　　　　　　　　　　　　　　　　　　2800 円＋税